音楽之友社
音楽指導ブック

鑑賞の授業づくりアイディア集
へ〜そ〜なの！音楽の仕組み

平成20年 学習指導要領対応

坪能克裕（Dr. ひ〜ろ〜）・坪能由紀子・髙須 一・
熊木眞見子・中島 寿・髙倉弘光・駒 久美子・味府美香

え〜と…
わかった〜！
おもしろい!!

音楽之友社

本書「鑑賞の授業づくりアイディア集 へ～そ～なの！音楽の仕組み」と、姉妹書「音楽づくりの授業アイディア集～音楽をつくる・音楽を聴く～」の資料音源や作例を収録したCDが、日本コロムビア株式会社より発売されています。

音楽をつくる・音楽を聴く～子どもと音楽をつなぐCD集～
品番：COCE37054-6
問い合わせ：日本コロムビア株式会社 TEL 03(6895)9001

はじめに——鑑賞教育はムズかしい？

〈鑑賞教育はムズかしい〉とおっしゃる先生方が多いようです。確かに，さまざまな研究大会等での研究授業を拝見させていただくと，鑑賞の授業が少ないようです。以前はほとんど見かけなかったのですが，2008（平成20）年3月に公示された新小・中学校学習指導要領をきっかけとして少しずつながら増えてきたように思います。

新学習指導要領を契機として，鑑賞教育が徐々に盛んになってきたことについては，序章で考えてみたいと思います。ではなぜこれまで先生方はムズかしいと考えてこられたのでしょうか。自分のことを振り返りながら考えてみました。

第一に，〈鑑賞教育を通して，どのような力（鑑賞の能力）を育てたらよいのかがわからない〉ということにぶつかりました。鑑賞の能力って何なのだろう。このことがはっきりしないと先には進めません。

第二に，〈鑑賞教育で，何を教えればよいのだろう〉という疑問に突き当たりました。当然，どのような力を育てればよいのかわからないわけですから，一体何を具体的に教えればよいのかが見えてきません。

第三に，どのような力を育てればよいのかわからない，具体的に教える内容がわからないわけですから，〈どのように指導すればよいのかわからない〉ですし，〈どのように評価（子どもの見取り）をすればよいかわからない〉のです。感想文を書かせて，それが鑑賞の能力を評価することに生かせるのか，という議論がよくされますが，その前のことがほとんど不明な中で評価の方法としての感想文のあり方だけを論じても不毛な議論にしかなりません。

実は，新学習指導要領は，これらの問題に対する答え，あるいは答えを見つけ出す糸口を与えてくれています。本書は，鑑賞教育はムズかしいと考えている先生方に，理論的な根拠に基づいた具体的な内容・方法を提供しようと有志が集まってつくりあげたものです。

ではここで，有志のみなさんをご紹介いたします。まず，筑波大学附属小学校の三羽ガラス，中島寿先生，熊木眞見子先生，髙倉弘光先生です。この3人の先生方がさまざまなアイディアを出されただけでなく，実際に授業で実践されました。次に，日本女子大学教授の坪能由紀子先生とそのお弟子さんたち，味府美香先生，駒久美子先生です。味府先生と駒先生は，いろいろなアイディアを出してくれました。坪能先生は，中央教育審議会の委員であり，『新小学校学習指導要領解説音楽編』（文部科学省）の作成協力者でもあり，本書の監修をしてくださいました。また，〈Dr.ひ〜ろ〜〉こと坪能克裕先生が作曲家の立場から音楽に関する幅広い知識と経験とを総動員して監修に努めてくださいました。

小学生対象のように書いてある部分もありますが，中学生や高校生，大学生にも使えるアイディアです。ぜひ使ってみてください。

最後になりましたが，本書の出版に当たって全面的にご支援くださいました，音楽之友社の岸田雅子さんに心より感謝を申し上げます。本書がここまでこれたのは，まさにスタッフみなさんのお力によります。

（髙須 一）

目次

はじめに──鑑賞教育はムズかしい？ ……………………………………… 3

序章　新しい学習指導要領で求められている鑑賞教育とは ……… 6

第1章　問いと答え

第1節　**模倣** …………………………………………………………… 13
　　模倣による音楽 ……………………………………………………… 14
　　◆主鑑賞曲の解説 …………………………………………………… 16

第2節　**コール・アンド・レスポンス** ……………………………… 17
　　歌詞にもあるコール・アンド・レスポンス …………………… 18
　　音によるコール・アンド・レスポンス ………………………… 20
　　拍のないコール・アンド・レスポンス ………………………… 22
　　◆主鑑賞曲の解説 …………………………………………………… 24

第3節　**合いの手** …………………………………………………… 27
　　日本音楽の合いの手 ……………………………………………… 28
　　西洋音楽の合いの手 ……………………………………………… 30
　　◆主鑑賞曲の解説 …………………………………………………… 32

第2章　反復と変化

第1節　**音楽には繰り返しがある** ………………………………… 35
　　リズムの繰り返し ………………………………………………… 36
　　繰り返しはダンスにもある ……………………………………… 38
　　繰り返しは太鼓の命 ……………………………………………… 40
　　繰り返しでできている音楽 ……………………………………… 42
　　低音で繰り返す音楽 ……………………………………………… 44
　　日本の音楽における繰り返し …………………………………… 46
　　伴奏の繰り返し …………………………………………………… 48
　　◆主鑑賞曲の解説／実践者3人は語る …………………………… 50

第2節　**形式としての繰り返し** …………………………………… 55
　　A-B-A形式──いっては戻る，音楽の形 ……………………… 56
　　ロンド形式 ………………………………………………………… 58
　　◆主鑑賞曲の解説 …………………………………………………… 60

第3節　**変奏曲と音楽の変化** ……………………………………… 61
　　旋律を変奏している ……………………………………………… 62
　　旋律は同じ，でも… ……………………………………………… 64
　　モチーフの拡大・縮小 …………………………………………… 66
　　◆主鑑賞曲の解説 …………………………………………………… 68

第3章 「音楽の縦と横の関係」から聴きなおす

第1節 ドローン ……………………………………………………… 73
- ヨーロッパの古い音楽におけるドローン …………………… 74
- 西洋の音楽における点描的なドローン ……………………… 76
- 世界のさまざまな音楽におけるドローン …………………… 78
- 日本の音楽におけるドローン ………………………………… 80
- ◆主鑑賞曲の解説 ……………………………………………… 82

第2節 さまざまな音の重なり ……………………………………… 85
- カノンさまざま ………………………………………………… 86
- 〈ずれ〉の面白さ ……………………………………………… 88
- さまざまな音の重なり─クラスター ………………………… 90
- 日本の音楽における〈ずれ〉─ヘテロフォニー …………… 92
- ◆主鑑賞曲の解説 ……………………………………………… 94

第4章 ぐっとくる意外な聴き方

- いろいろな音階（全音音階） ………………………………… 98
- いろいろな音階（教会旋法） ………………………………… 100
- いろいろな拍子─変わった拍子の音楽 ……………………… 102
- いろいろな拍子─ポリリズムの音楽 ………………………… 104
- テンポの変化─日本の音楽 …………………………………… 106
- テンポの変化─西洋の音楽 …………………………………… 108
- 後打ちの音楽 …………………………………………………… 110
- 休符も音楽 ……………………………………………………… 112
- ライトモチーフ（示導動機） ………………………………… 114
- 音階でできた音楽 ……………………………………………… 116
- 音楽にもある起承転結 ………………………………………… 118
- クライマックスはどこに？ …………………………………… 120
- 音楽におけるサビ─ポップス音楽の楽しみ ………………… 122
- さまざまな音楽の終わり方 …………………………………… 124
- ◆主鑑賞曲の解説 ……………………………………………… 126

終章 Dr.ひ〜ろ〜と坪能由紀子が語る ……………………………… 134

序章
新しい学習指導要領で求められている鑑賞教育とは

1．中央教育審議会答申で鑑賞教育の改善・充実が求められた

　さて「はじめに」において，鑑賞教育はムズかしいかということを書きました。本書は，〈鑑賞教育は難しくないですよ。例えばこのようにすると鑑賞教育の大切さがわかりますよね〉という提案をしています。

　まずはじめに，なぜ新学習指導要領が鑑賞教育の改善・充実に取り組んだのか。そのことを中央教育審議会（以下，中教審と略します）の流れから新学習指導要領の誕生の流れと理念を読み取ってみましょう。

　新学習指導要領の改訂にあたって，次のように中教審答申（平成20年1月17日）で，鑑賞教育のあり方についてその課題を指摘しています。

（Ⅰ）改善の基本方針
「鑑賞活動は，音楽の面白さやよさ，美しさを感じ取ることができるようにするとともに，根拠をもって自分なりに批評することのできるような力の育成を図るようにする」

（Ⅱ）改善の具体的事項
（小学校：音楽）
「鑑賞領域においては，音楽を特徴付けている要素や音楽の仕組みを聴き取る力を育て，それによって音楽の面白さやよさ，美しさを感じ取ることができるようにする」

（中学校：音楽）
「鑑賞領域においては，音楽に関する言葉などを用いながら，音楽に対して，生徒が，根拠をもって自分なりに批評することのできるような力を育成するようにする」

　上記の改善事項は，鑑賞教育において次の点に課題があると指摘されたからです。

・感性を高め，思考・判断し，表現する一連のプロセスを働かせる力の育成
・音楽を表現する技能と鑑賞する能力の育成においては，音や音楽を知覚し，感性を働かせて感じ取ることを重視すること
・歌唱の活動に偏る傾向があり，表現の他の分野と鑑賞の学習が十分でない状況が見られるため，創作と鑑賞の充実を図ること

　このように，中教審は，鑑賞教育の課題を指摘し，その改善を図るように求め，この求めに応じて新学習指導要領では，鑑賞教育の充実を図り，多くの先生方がはっきりとした指針をもって鑑賞の授業を行えるように配慮しました。

2．鑑賞の能力とは何か

　ここでは，新学習指導要領の鑑賞の項目・事項について詳しく見ていくよりも，簡潔に言い表したほうがよいでしょう。

　小学校においては，鑑賞の能力とは「楽曲全体を味わって聴く能力」と言ってよいでしょう。ここで言う楽曲全体とは，交響曲の一つの楽章や組曲の1曲を取り上げた場合，その楽章や1曲を示しています。ですから，ベートーベンの交響曲第5番『運命』の第1楽章だけを鑑賞する際は，第1楽章全体を味わって聴く能力を育てることになり，第2，3，4楽章までをすべて扱わなければならないということではありません（ただし，すべての楽章を扱って，交響曲第5番『運命』全体を味わう学習が子どもの実態に応じて可能ならば，そのような取り組みを否定するものではありません）。

　このような能力の育成を求める要因は幾つかあります。例えば，ある鑑賞曲を数回聴かせただけで〈鑑賞の能力〉を評価してしまうような授業が多く見られます。さまざまな方法を用いて同じ楽曲を何回も聴けるようにすることは，その楽曲に対しての親しみ感やよさを感じ取る感性をはぐくむことにつながるでしょう。

しかし，どのような能力が育ったのかを評定に結びつくような評価の観点〈鑑賞の能力〉でとらえることは難しいと考えます。また，ある子どもにとっては繰り返し聴くことで鑑賞の能力が十分に育つ学習であっても，多くの子どもにとっては，不十分な学習であることが多いのです。後で述べますが，鑑賞の能力をはぐくむためには，音楽的な感受の段階を踏まえていくことが重要なのです。

他の例を挙げますと，音楽から具体的なイメージや場面の様子を思い浮かばせて聴かせる指導，子どもに楽曲を聴かせて感じたことや思ったことを発表させたり感想文に書かせたりする指導，身体表現やクイズなどの面白い活動を取り入れて楽曲に親しませる指導などです。音楽から具体的なイメージや場面の様子を思い浮かべられるようになることは，鑑賞の能力のほんの一部でしかありませんし，感じたことや思ったことを発表させたり感想文に書かせたりすること，身体表現やクイズなどの面白い活動を取り入れることなどは，指導方法であって鑑賞の能力のはぐくみとどのようにかかわっているのかが明らかではありません。最も多く見られる授業は，楽曲を鑑賞した後にその一部を取り上げて器楽合奏したり歌ったりするような活動です。楽曲のよく知られている部分を取り上げることが多いために，それ以外の部分については題材の最初や最後に聴くのみで，鑑賞曲全体を味わって聴く能力を育てるような指導計画になっていないのです。表現と鑑賞の指導の関連は図られているのですが，表現の学習が鑑賞の能力をはぐくむものとなっていないのです。つまり，音楽的な内容での関連が図られていないのです。

これらのような状況を踏まえて，新小学校学習指導要領では，先のように鑑賞の能力を「楽曲全体を味わって聴く能力」としたのです。

次に，新中学校学習指導要領における鑑賞の能力を見てみましょう。中学校における鑑賞の能力とは，「価値判断する能力，理解しよさや美しさを味わう能力」と言ってよいでしょう。日常的に使われている音楽鑑賞とは，音楽を聴くことと同義の場合が多いようです。例えば，〈私の趣味は音楽鑑賞です〉という言い方がごく自然に使われていますが，まさに〈音楽鑑賞＝音楽を聴くこと〉として使われています。

戦後，米国の音楽教育が我が国の音楽教育に影響を与えたことは歴史的事実ですが，英語のAppreciationが鑑賞と訳されて昭和22年学習指導要領音楽編（試案）から今日まで用いられてきました。英語のAppreciationは，元々「真価を認めること，価値判断する能力」という意味をもつ単語です。日本語においても鑑賞とは，「理解し味わう能力」とされています。新中学校学習指導要領では，鑑賞という言葉のもつ本質を実現するために，鑑賞の能力を先のようにしたと考えてよいでしょう。このことは，新中学校学習指導要領の鑑賞の3事項の内，イ及びウが，「……，鑑賞すること」と示されていることからも読み取れます。

小学校段階で，「楽曲全体を味わって聴く能力」をはぐくみ，中学校段階ではその能力を土台にさらに発展させて「価値判断する能力，理解し味わう能力」へと深めていくことが重要になります。

3．どのような内容を教えるのか

先に述べた鑑賞の能力を育てるためには，授業で扱う内容を具体的に考えなくてはいけません。音楽科で根強くある考え方の一つに，〈音楽科の内容＝楽曲そのもの〉ととらえることがあります。昭和52年学習指導要領以降，「主題による題材構成」が主流となってきましたが，主題による題材構成のかたちを取りながら，実際には楽曲による題材構成になっている指導計画もよく見かけます。〈音楽そのもののすばらしさが子どもを変える〉と考えている先生方が多いようです。これは決して間違った考え方ではないのですが（実際に子どもが喜んで飛びつくような楽曲もあれば，意外に子どもがノッてこない楽曲があります），教材曲のもつ音楽的な魅力だけに頼るのは，危ないと言ってもよいかもしれません。ある研究大会でパネリストとして話しをさせていただいたときに，ある先生が発言を求められ，「音楽科の基礎基本は感動です！」と述べられ，少なからずその意見に賛同する先生方が拍手されました。しかし，このように言い切ってしまうことは危険だと思います。義務教育はすべての子どもが受けなければならない教育なのです。すばらしい音楽に接して，直観的にそのすばらしさに触れ感動する子どもはいるでしょう。一方，感動の押しつけのような授業，あるいは，どうしてこの楽曲が感動的なのかわからずに取り残される子どもも必ずいます。先ほどの，鑑賞の能力をはぐくむ観点からいうと，音楽を味わって聴く能力や価値判断する能力とは，感動することも含みますが，それだけでなく，自分にはこの楽曲は合わないと価値判断することも鑑賞の能力なのです。それが他の音楽を知らずに主観的に行われるのではなく，客観的な内

容の学習を行うことによって，多様な音楽に対して自分の価値観をもてるようになることこそが重要なのです。この違いは大きいのです。先生が感動させようとする（すなわち，一定の価値観を教えようとする）ことと，さまざまな音楽に親しみながら，自分の価値観を形成して感動を覚えることとは，似て非なるものです。義務教育としての音楽科は，後者の意味での価値観の形成を行うことをめざさなければなりません。

それでは，音楽，楽曲の中に客観的に教える内容というものはあるのでしょうか。

本次改訂の学習指導要領では，〔共通事項〕としてその内容を示し，鑑賞の能力をはぐくむために〔共通事項〕と鑑賞の事項を関連させて示しました。以下に，新小学校学習指導要領及び新中学校学習指導要領の〔共通事項〕を抜粋して示します。

〔共通事項〕は，子どもに最低限身に付けさせるべき基礎的基本的な知識を示したものであると言ってよいでしょう。ここに記してある内容は，現行学習指導要領や現行学習指導要領解説音楽編においてすでに示してあるものが大部を占めています。したがって，多くの先生方には新しい内容が示されたという実感が少ないのではないでしょうか。

〔共通事項〕として現行のものを整理し，歌唱，器楽，音楽づくり・創作，鑑賞のすべての活動の支えとなるもの，表現及び鑑賞の能力を育成する上で共通に必要となるものとして示したのは，音楽科において客観的に学べる内容を明示するためであり，その内容を共通に各活動に設定することによってそれぞれの活動を音楽的に関連させることもねらっているのです。

「なんだ，音楽の要素や記号を教えようということなのか。それなら今までも行われてきたけれども，うまくいかなかったではないか」という意見もあります。特に，昭和40年代に行われた基礎領域の実践や要素主義と批判された教育の実践を経験された先生方からこのような意見をいただくことが多いのです。

〔共通事項〕を取り扱う上で大切なことは，次の3点にあると言ってよいでしょう。

第一に，「『A表現』及び『B鑑賞』の指導を通して，次の事項を指導する」と書いているように，〔共通事項〕だけを取り出して教えることはしてはならないということです。実際の音楽活動の中で，それぞれの要素の働きを子どもが感じ取り，自分のものにしていかなければ，本当に子どものものにはなりません。したがって，各音楽活動と切り離して要素の意味や働きを先生が説明してしまっては学習の意味がなくなってしまうのです。

第二に，上記のことを受けて，子どもが実際に音楽を聴いたり，表現したりする中で，その音楽のよさや面白さ，美しさ，特質や雰囲気を感じ取れるような指導を行う必要があるでしょう。子どもが〈これはいい音楽だな，どこからそのよさが生み出されているのだろう〉と考え，自分たちで〈この音楽は，同じ旋律をさまざまな楽器の組み合わせで繰り返しているところがいいな。また，さまざまな楽器の組み合わせによっ

新小学校学習指導要領音楽の〔共通事項〕（第5学年及び第6学年）
(1) 「A表現」及び「B鑑賞」の指導を通して，次の事項を指導する。
　ア　音楽を形づくっている要素のうち次の（ア）及び（イ）を<u>聴き取り</u>，それらの働きが生み出すよさや面白さ，美しさを<u>感じ取る</u>こと。
　　（ア）音色，リズム，速度，旋律，強弱，音の重なりや和声の響き，音階や調，拍の流れやフレーズなどの**音楽を特徴付けている要素**
　　（イ）反復，問いと答え，変化，音楽の縦と横の関係などの**音楽の仕組み**
　イ　音符，休符，記号や音楽にかかわる用語について，音楽活動を通して理解すること。

新中学校学習指導要領音楽の〔共通事項〕（第2学年及び第3学年）
(1) 「A表現」及び「B鑑賞」の指導を通して，次の事項を指導する。
　ア　音色，リズム，速度，旋律，テクスチュア，強弱，形式，構成などの音楽を形づくっている要素や要素同士の関連を<u>知覚し</u>，それらの働きが生み出す特質や雰囲気を<u>感受する</u>こと。
　イ　音楽を形づくっている要素とそれらの働きを表す用語や記号などについて，音楽活動を通して理解すること。

て魅力的な音色がつくり出されているところもぐっとくるな〉と音楽の特徴を聴き取り，それによって生み出されるよさを豊かに感じ取れるようになることが大切です。子どもは，当然ながらすぐにそのようなことを発言したり，書いたりできるわけではありません。先生の教えたいものを子どもが自分の気付きや自分で発見したものにする指導の工夫が極めて重要なのです。

〔共通事項〕で示している音楽を形づくっている要素や用語・記号は，子どもがそれらを<u>聴き取り</u>（<u>知覚し</u>），その働きを子どもが<u>感じ取り</u>（<u>感受し</u>），それを生み出している素が音楽を形づくっている要素や用語・記号を感性的にも知的にも理解されてこそ学習の内容としての意味をもちます。

第三に，音楽を形づくっている要素は，本来，表現的な性質あるいは性格をもつものであり，その働きは音楽の中で把握されなければならないのです。例えば，〈反復〉を例に挙げてみましょう。同じ旋律を繰り返す（反復する）場合でも，反復しながら徐々にクレッシェンドし速度を上げながらクライマックスに導く働きをする音楽もあれば，同じ旋律を強弱や速度を変えずに繰り返しながらテーマ性を徹底する音楽，楽曲全体の統一感を出すために同じ旋律を要所要所で提示する音楽，ライトモチーフのようにある人物・物を表すときには同じ旋律を使う音楽などが挙げられます。また，〈反復〉には，三部形式やロンド形式における〈再現〉も含まれます。これらの働きを子どもが実感をもって感じ取ったり理解したりするためには，実際の音楽活動の中で学習しなければならないでしょう。したがって，〔共通事項〕は，各活動を通して指導すべきものであるというよりも，各活動を通してしか指導できないと言うのが正しいかもしれません。音楽を形づくっている要素を客観的な学習の内容として示してはいますが，子どもがその表現的な性質（性格）を音楽の中で<u>聴き取り</u>（<u>知覚し</u>），<u>感じ取らなければ</u>（<u>感受しなければ</u>），本当に身に付く知識にはならないでしょう。音楽科学習における知識習得とは，知識を感性的及び知的に理解することによって成り立つのです。

4．鑑賞の能力をはぐくむ過程とは

ここまで述べてきたことを，以下の表のようにまとめてみると，鑑賞の能力をはぐくむための大まかな過程が見えてくると思います。

ここで示した過程は，必ずしも固定化したものではなく，題材のねらいや指導計画，学習の内容，教材の扱い方などによって柔軟に組み替え得るべきものと考えたほうがよいでしょう。ただし，いずれの段階も，鑑賞の能力をはぐくむ上で重要ですので，どの段階も大切にしたいものです。

上記の過程で，〔共通事項〕は，感性的な理解と知的な理解にかかわるように示していますが，このことはこれまでの説明でご理解いただけることと思います。

一般的に，人間の感性をつかさどるのは右脳であり，知性をつかさどるのは左脳であると言われています。しかし，近年の脳科学の発展により，音楽聴取に関して次のようなことが分かってきています。すなわち，人間が音楽を聴く場合，初期段階では右脳の優位が認

鑑賞の能力をはぐくむ過程
（言葉などで表現することの重要性）

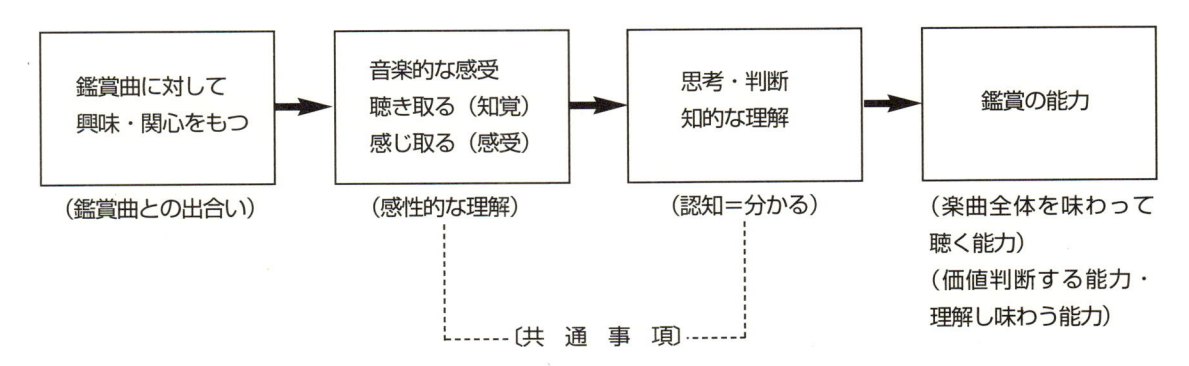

鑑賞曲に対して興味・関心をもつ	→	音楽的な感受 聴き取る（知覚） 感じ取る（感受）	→	思考・判断 知的な理解	→	鑑賞の能力
（鑑賞曲との出合い）		（感性的な理解）		（認知＝分かる）		（楽曲全体を味わって聴く能力） （価値判断する能力・理解し味わう能力）

------〔共 通 事 項〕------

められます。つまり，感性をつかさどる右脳で音楽を聴く傾向があるのです。しかし，音楽を聴き深め，学習していくと右脳だけでなく左脳を使うようになっていきます。つまり，感性的に音楽を聴くだけでなく，知的に理解しながら音楽を聴くようになっていくのです。この知見に基づくと，感性的な理解と知的な理解を深めながら音楽鑑賞の学習は，行われていくべきものであることが科学的に証明されているのです。このことは，すでに認知心理学の研究において，音楽学習とＩＱの上昇には因果関係があることが証明されていることによっても裏付けられていることなのです。

言い換えるならば，鑑賞教育，更には音楽科教育によって子どもの右脳と左脳のバランスの取れた成長が促されており，全人教育の一貫として鑑賞教育を含む音楽科教育は，これから創造的な感覚や発想，知性を求められる社会において，極めて重要な教育であると言ってよいでしょう。本書は，鑑賞教育を対象にしつつも歌唱，器楽，ことに音楽づくり・創作にも援用していける具体的な方法を提供しているのです。

5．曲想を感じ取ることと音楽の構造を理解することの関係

新小学校学習指導要領の〔共通事項〕において，音楽を形づくっている要素は，「音楽を特徴付けている要素」と「音楽の仕組み」に分けて示されています。音楽の仕組みとは，音楽を構成する原理であり，本来であれば「形式」に含まれるものです。しかし，多くの先生方に「形式には何がありますか」と尋ねると，どなたも二部形式，三部形式などの形式の名称をお答えになります。しかし，二部形式や三部形式などの形式を形式たらしめているものは，〈再現〉や〈対照〉といった構成の原理であり，したがって構成の原理は〈形式〉という要素に含まれるべきものなのです。

実際には，先生方の多数の意見のように，形式に構成の原理を含めて考えない傾向があるため，小学校では「音楽の仕組み」として示すこととしました。音楽の仕組みは，音を音楽に構成するものであり，音楽の骨格と言ってもよいでしょう。音楽の骨格に，音楽を特徴付けている要素がかかわり合って音楽の構造をつくっているのです。

新中学校学習指導要領では，小学校の「音楽の仕組み」を，「構成」，「テクスチュア」として示しています。新中学校学習指導要領では，音楽を形づくっている要素の中に，形式を示しつつ，先生方に分かりやすくするために「構成」と「テクスチュア」を形式と分けて示しています。

以下の表は，新小学校学習指導要領と新中学校学習指導要領の音楽を形づくっている要素の対応関係を表したものです（強調文字にしてあるものが，構成の原理にあたるものです）。

小学校	中学校
音色	音色
リズム，拍の流れ	リズム
速度	速度
強弱	強弱
旋律，音階や調，フレーズ，音の重なりや和声の響き，**音楽の縦と横の関係**	旋律
	テクスチュア
反復，問いと答え，変化	形式
	構成

音楽を鑑賞するときに，子どもは，その楽曲が醸し出している固有な気分や雰囲気，味わい，表情を感じ取ります。つまり，曲想を感じ取るのです。では楽曲が醸し出している固有な気分や雰囲気，味わい，表情は，どのように生まれてくるのでしょうか。それは，その楽曲の構造からなのです。構成の原理（音楽の仕組み：構成，テクスチュア）を骨組みとして，それにさまざまな要素（音楽を特徴付けている要素：音色，リズム，速度，強弱，旋律など）がかかわり合ってつくられた構造です。

音楽を形づくっている要素は，先に述べたように，ある程度客観的に学ぶことができます。客観的に学べるものでつくられた楽曲の構造を子どもがその発達や学習の状況に応じて解き明かしていくことは可能なのです。音楽を形づくっている要素を切り口として，楽曲や演奏がどのような音楽を形づくっている要素を使ってどのようにかかわらせているのかをひも解いていく学習を通して楽曲の構造を理解し，どうしてその楽曲が魅力的なのかを感じたり，知的に理解したりできるようになるのです。このように，子どもが自らの力で楽曲の魅力を感じ取り，その魅力を生み出している楽曲を知的に理解できるようになることで，先に述べた鑑賞の能力が高まっていくと言ってよいでしょう。

（髙須）

第1章

問いと答え

第1節
模倣

　ヤッホー！　まず初めは〈こだま〉のお話し。
　山に行くと呼びかけたくなるひとこと。山に呼びかけると，そっくりマネして返ってきますね。山だけでなく，歌うとそっくりマネして歌って返ってくる音楽は数多くあります。
　現代の音楽では〈フィードバック効果〉という手法もあります。それは知らないうちに，メディアを通じて聴かされているかもしれません。洞窟やトンネルでも同じ効果が出ます。1つの音が次第に弱くなって消えて行きます……**カン　カン　カ　ン　カン　カン　カン**
　これらの自然現象をもとに〈模倣〉からさまざまな音楽が生まれているのです。ここに音楽を楽しむ原点の1つがあります。
　　　　　　　　　　　　　　　　　　　　　　（Dr.ひ〜ろ〜）

模倣による音楽

対　象 ● 低・中学年
ねらい ● 「山びこ」のようになっているところを感じ取って聴きます

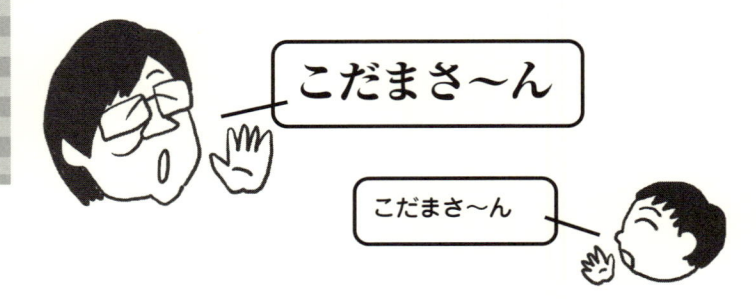

こだまさ〜ん

こだまさ〜ん

「山びこ」って知っているかな？

「知ってるよ！」大きな声で「ヤッホー！」って言うとまねするの。

そうね。山に登って谷のむこうの山に向かって大きな声で何か言うと，少し小さな声になってまねをするんだよね。
「山びこ」のことを，「こだま」とも言うんだよ。

「山のぼりグループ」と「向こうの山グループ」に分かれて，ちょっとやってみようか。

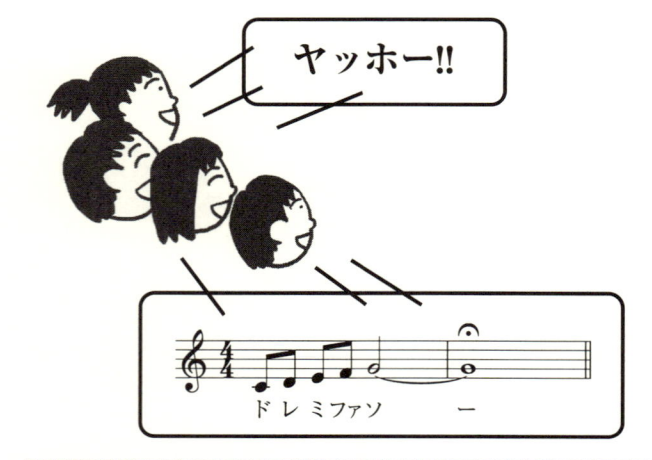

ヤッホー!!

ヤッホー！

ドレミファソ　ー

ドレミファソ　ー

「山びこ」になっている こんな歌もあるんですよ。
先生が 山の上で歌うから，
みんなは「山びこ」になって，
少し小さな声で まねをして歌ってね。

歌 **やまびこ ごっこ**　おうち・やすゆき作詞・若月明人作曲

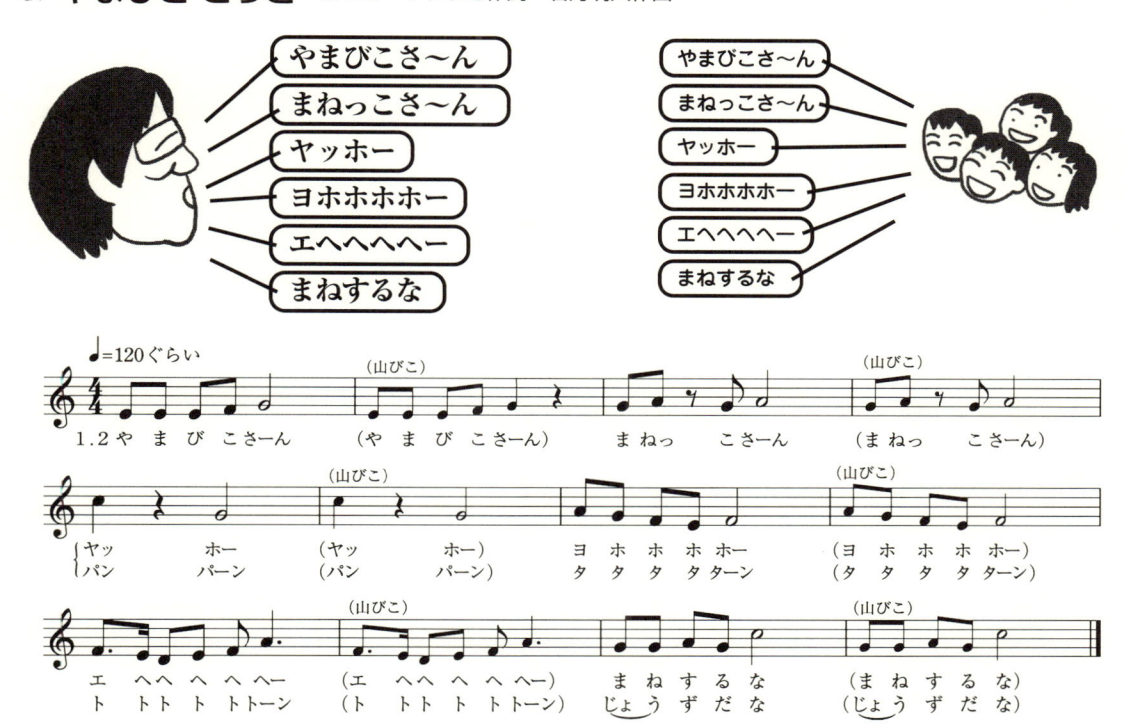

やまびこさ〜ん
まねっこさ〜ん
ヤッホー
ヨホホホホー
エヘヘヘヘー
まねするな

やまびこさ〜ん
まねっこさ〜ん
ヤッホー
ヨホホホホー
エヘヘヘヘー
まねするな

1.2 や ま び こ さーん　（や ま び こ さーん）　まねっ こさーん　（まねっ こさーん）
ヤッ　ホー　（ヤッ　ホー）　ヨ ホ ホ ホ ホー　（ヨ ホ ホ ホ ホー）
バン　バーン　（バン　バーン）　タ タ タ タ ターン　（タ タ タ タ ターン）
エ ヘ ヘ ヘ ヘー　（エ ヘ ヘ ヘ ヘー）　まね する な　（まね する な）
ト ト ト ト トーン　（ト ト ト ト トーン）　じょう ず だ な　（じょう ず だ な）

鑑賞　聴いてみよう！

🎵 ビバルディ作曲：バイオリン協奏曲『四季』から「春」第1楽章のはじめの部分
　　　　　　　　　　　　　　　　　　　　　　　　「秋」第1楽章のはじめの部分
　　　　　　　　　　　　　　　　　　　　　　　　「秋」第3楽章のはじめの部分

「山びこ」みたいに「まねっこ」でできている曲っていっぱいあるんだよ。
こんなの どうかな？

「山びこになってまねしているなー」と思うところで 手をあげてみてね。
まねしている間，手をあげてね。

[参考曲] 🎵 ラッソ作曲：「こだま」（合唱曲）

（中島）

主鑑賞曲の解説

春
第1楽章
(和声とインベンションの試み第1集『四季』より)
アントニオ・ビバルディ
(1678〜1741)

「和声とインベンションの試み」と名付けられた作品8の12曲の協奏曲の，第1〜第4が『四季』と題されている。ビバルディの中でも最も有名な作品である。独奏バイオリンと通奏低音付きの弦楽合奏のために書かれた協奏曲である。

第1楽章はリトルネロ形式と呼ばれて，合奏全体が演奏する部分(トゥッティ)と独奏部分(ソロ)とが代わる代わる現れる。6回のトゥッティに5回のソロが挿入されている。

トゥッティ―ソロ―トゥッティ―ソロ―トゥッティ―ソロ―トゥッティ―ソロ―トゥッティ―ソロ―トゥッティ

ここで〈こだま〉のような模倣になっている例として紹介したいのは，その冒頭のトゥッティの部分である。**譜例1**のように，最初はフォルテで，次にそれが1オクターブ下になってピアノで同じフレーズを繰り返す。このようなフォルテとピアノを対比させる技法は，バロック時代に盛んに用いられたものである。

この作品ではしばらくすると，最初のパートと2番目のパートは単にこだまのように後で模倣するのではなく，少しずつ重ねられていく(**譜例2**)。この部分も面白い聴き所だろう。

譜例1

譜例2

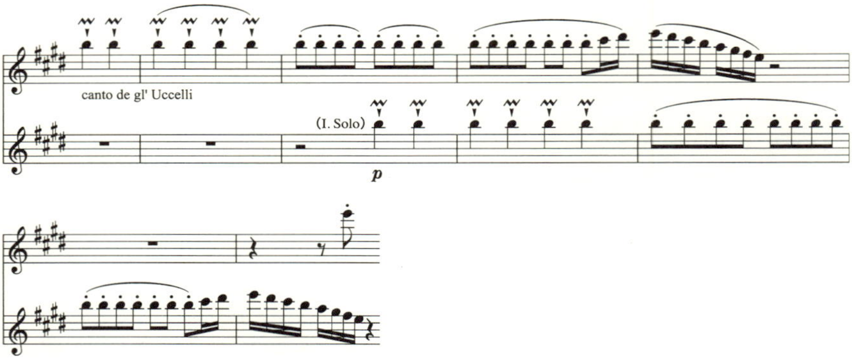

ビバルディの『四季』では，「秋」の1楽章と3楽章の冒頭でも，〈こだま〉のような効果を使っている部分がある。

『四季』は標題音楽的につくられた作品である。しかし，いつも情景描写の巧みさを聴いたり，また情景を思い浮かべながら聴くだけではなく，こんなふうに音楽の仕組みに注目して，聴いてみることもできる。

(坪能由)

第2節 コール・アンド・レスポンス

　人が問いかけたら，答えないと〈コミュニケーション〉が成立しません。音楽も，人との関係も〈コール・アンド・レスポンス〉で結ばれています。

　会話では「おはようッ」に対して「おはよーッ」または「寒いねーッ」という返事があるでしょう。「ヤァ！」という答えや「元気？」というのもあるでしょう。応答は変幻自在でもあります。だから音楽でも，1つのフレーズに対して，さまざまな手で応じます。そっくりの返事，ゆっくり・朗々と応じる時もあれば，手短に・勢いよく応じる時もあるでしょう。変わっているところでは「おはよう」のフレーズに対して「うよはお（逆さまから）」と答えるなど，私たちが遊びで考えるような仕掛けに音楽の〈答え〉は満ちあふれています。

（Dr.ひ～ろ～）

歌詞にもある コール・アンド・レスポンス

対　象●低・中学年
ねらい●音楽の中にある会話（問いと答え）を感じ取って聴きます

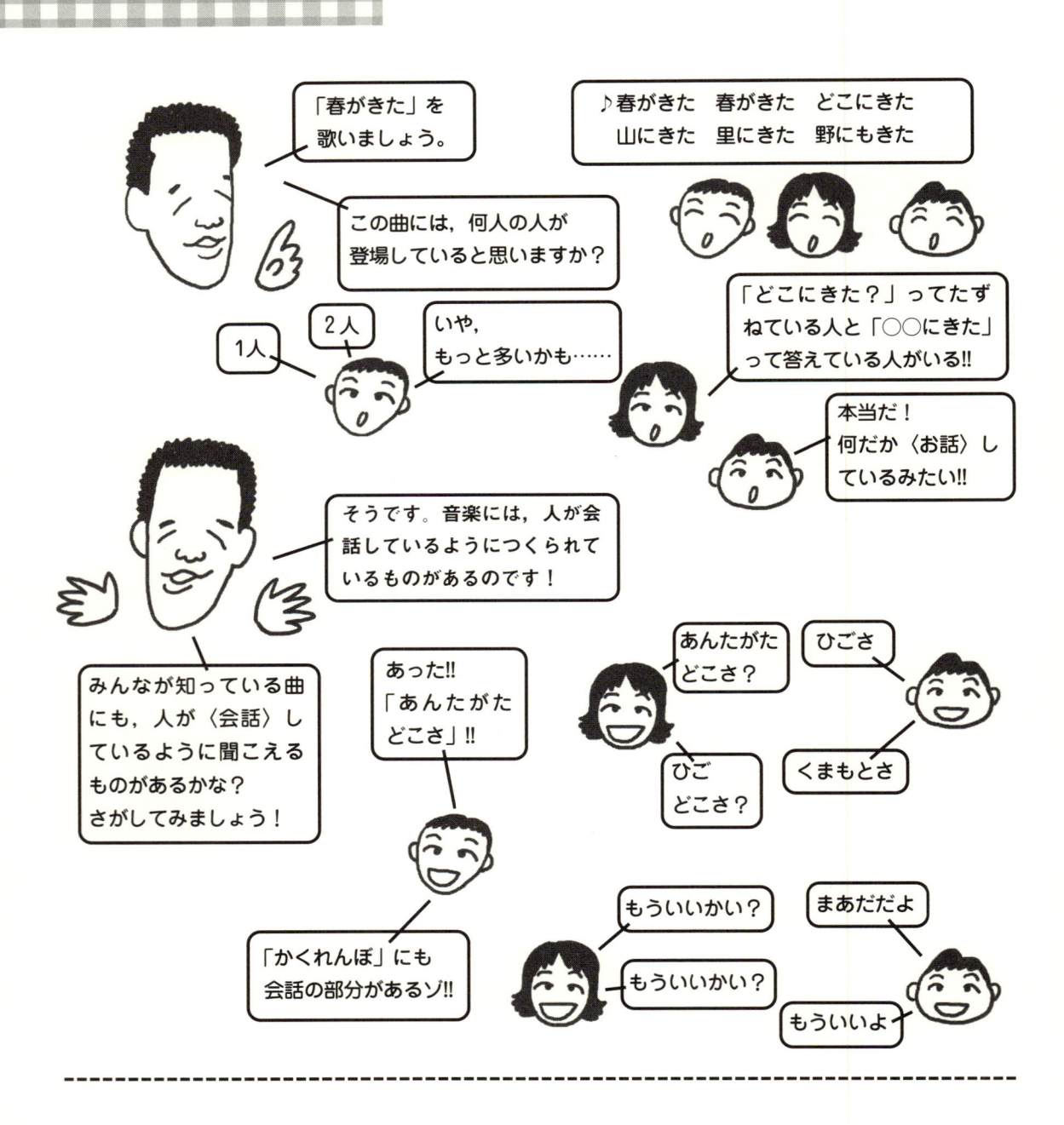

「春がきた」を歌いましょう。

♪春がきた　春がきた　どこにきた
　山にきた　里にきた　野にもきた

この曲には，何人の人が登場していると思いますか？

1人

2人

いや，もっと多いかも……

「どこにきた？」ってたずねている人と「○○にきた」って答えている人がいる!!

本当だ！何だか〈お話〉しているみたい!!

そうです。音楽には，人が会話しているようにつくられているものがあるのです！

みんなが知っている曲にも，人が〈会話〉しているように聞こえるものがあるかな？さがしてみましょう！

あった!!「あんたがたどこさ」!!

あんたがたどこさ？

ひごさ

ひごどこさ？

くまもとさ

「かくれんぼ」にも会話の部分があるゾ!!

もういいかい？

まあだだよ

もういいかい？

もういいよ

鑑 賞 聴いてみよう！

今から，ある曲のはじめの部分を聴いてもらいます。
〈会話〉が聞こえますよ。
いったい誰と誰が会話していると思いますか？

🎧 モーツァルト作曲：「パパゲーノとパパゲーナの２重唱『パパパ』」
（歌劇『魔笛』から）冒頭部分を聴く

わかった!!
男の人と女の人だ!!

そうだね。男の人と女の人が登場しています。
では，男の人が話しているときは左手，女の人が話しているときは右手で，会話の様子を手で表してみましょう！

みんな上手にできていましたね。
いったい，この人たちは，どんな会話をしていたのでしょうね？

ほかにも，たくさんの曲の中に〈会話〉があります。
人間の会話だけではありません。どんな〈会話〉があるのかな？

（髙倉）

Dr.ひ～ろ～のワンポイントアドバイス

　人が言葉を覚える時は，単語の〈オウムがえし〉から始まります。「ママ」「マンマ」など繰り返しながら意味や表現を身に付けていきます。そっくりマネる〈やまびこ〉や，簡単な〈あいさつ〉の〈コール・アンド・レスポンス（応答）〉から〈会話〉へと向かうコミュニケーションは，音楽でも同じです。

　言葉が付いた音楽は，わかりやすいでしょう。どんな会話か，みんなで耳をすまして聴いてみましょう。

🎧 たとえば……　① ロッシーニ作曲＊：「ねこの２重唱」＊＊
　　　　　　　　② 竹内ちさ子作曲：「呼びかけ」

　＊ ロッシーニ作曲と伝えられてきたが，ロッシーニ作曲ではない可能性あり。
＊＊原題は"Ah! per pietà t'arresta"。本来はソプラノの２重唱だが，ソプラノとアルトまたはバリトンで歌われることもある。

第1章 ●問いと答え● 19

音による
コール・アンド・レスポンス

対　象 ● 高学年以上
ねらい ● 音楽の中にある会話（問いと答え）を感じ取って聴きます

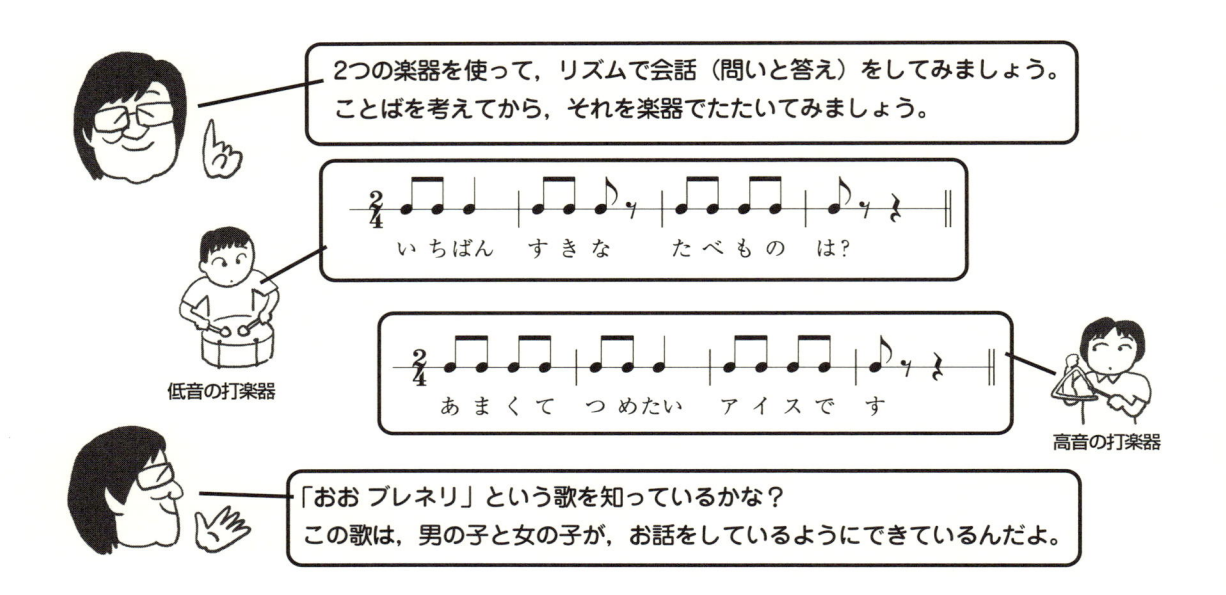

2つの楽器を使って，リズムで会話（問いと答え）をしてみましょう。
ことばを考えてから，それを楽器でたたいてみましょう。

いちばん　すきな　たべもの　は？

低音の打楽器

あまくて　つめたい　アイスで　す

高音の打楽器

「おお ブレネリ」という歌を知っているかな？
この歌は，男の子と女の子が，お話をしているようにできているんだよ。

歌　おお ブレネリ　　松田稔作詞・スイス民謡

おお ブレネリ あな たの お うちは どこ

わた しの おう ちは スイ スランド よ

鍵盤ハーモニカでも
弾いてみましょう。

楽器で，演奏しても，会話をしているよ
うにできているのが，わかったかな？

左の「おお ブレネリ」の例にもあるように，歌詞からも会話しているとわかる音楽がありますが，歌詞がなくても，メロディーやハーモニー，リズムなどからも〈会話〉を聴き取ることができるものが多くあります。

鑑賞 聴いてみよう！　　　　①ウェーバー作曲：「舞踏への勧誘」op.65

この曲は，はじめに男の人が「おどりませんか？」とさそって，女の人が「どうしよう」「そうね」「いいわよ」などと答えています。このあと，いよいよ踊りの音楽になります。踊りの音楽の中にも，会話になっているところがありますよ。そして踊り終わってからも……。

②モーツァルト作曲：「ホルン協奏曲　ニ長調」KV.412（第1楽章）

オーケストラと独奏ホルンで会話をしています。どんな風にお話が聴こえてきますか……。
「長～く，そっくり言いかえているところ」「みじかい会話」など，いろいろあります。
みつけてみましょう。

（中島）

Dr.ぴ～ろ～のワンポイントアドバイス

　音楽の多くは〈コール・アンド・レスポンス〉によってつくられています。
　たった1つのテーマを繰り返して〈会話〉を楽しんでいるのです。
　例えば，〈おかあさん〉をテーマにしたら，おかあさんと子どもとの会話になり，時には〈おとうさん〉が現れたりして，コール・アンド・レスポンスを〈つないで〉形づくっているのです。
　協奏曲は，ソロ楽器とオーケストラとのコール・アンド・レスポンスでもあるのです。

拍のない コール・アンド・レスポンス

対　象 ● 高学年
ねらい ● 拍のない会話（問いと答え）を聴き取り，拍のない音楽の面白さを感じます

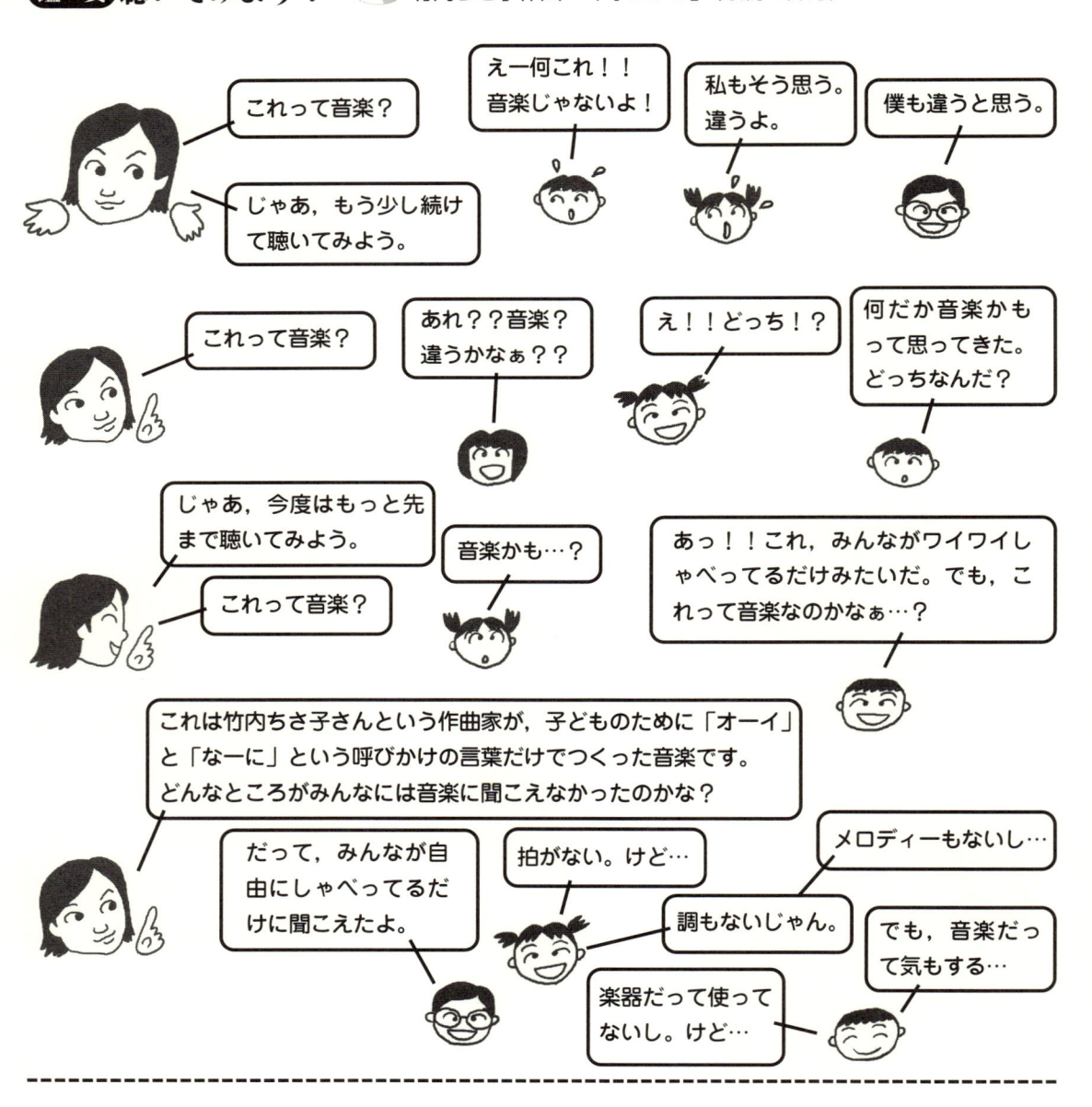

鑑賞　聴いてみよう！　　CD　竹内ちさ子作曲：「呼びかけ」（最初の部分）

- これって音楽？
- えー何これ！！音楽じゃないよ！
- 私もそう思う。違うよ。
- 僕も違うと思う。
- じゃあ，もう少し続けて聴いてみよう。

- これって音楽？
- あれ？？音楽？違うかなぁ？？
- え！！どっち！？
- 何だか音楽かもって思ってきた。どっちなんだ？

- じゃあ，今度はもっと先まで聴いてみよう。
- これって音楽？
- 音楽かも…？
- あっ！！これ，みんながワイワイしゃべってるだけみたいだ。でも，これって音楽なのかなぁ…？

- これは竹内ちさ子さんという作曲家が，子どものために「オーイ」と「なーに」という呼びかけの言葉だけでつくった音楽です。どんなところがみんなには音楽に聞こえなかったのかな？

- だって，みんなが自由にしゃべってるだけに聞こえたよ。
- 拍がない。けど…
- メロディーもないし…
- 調もないじゃん。
- でも，音楽だって気もする…
- 楽器だって使ってないし。けど…

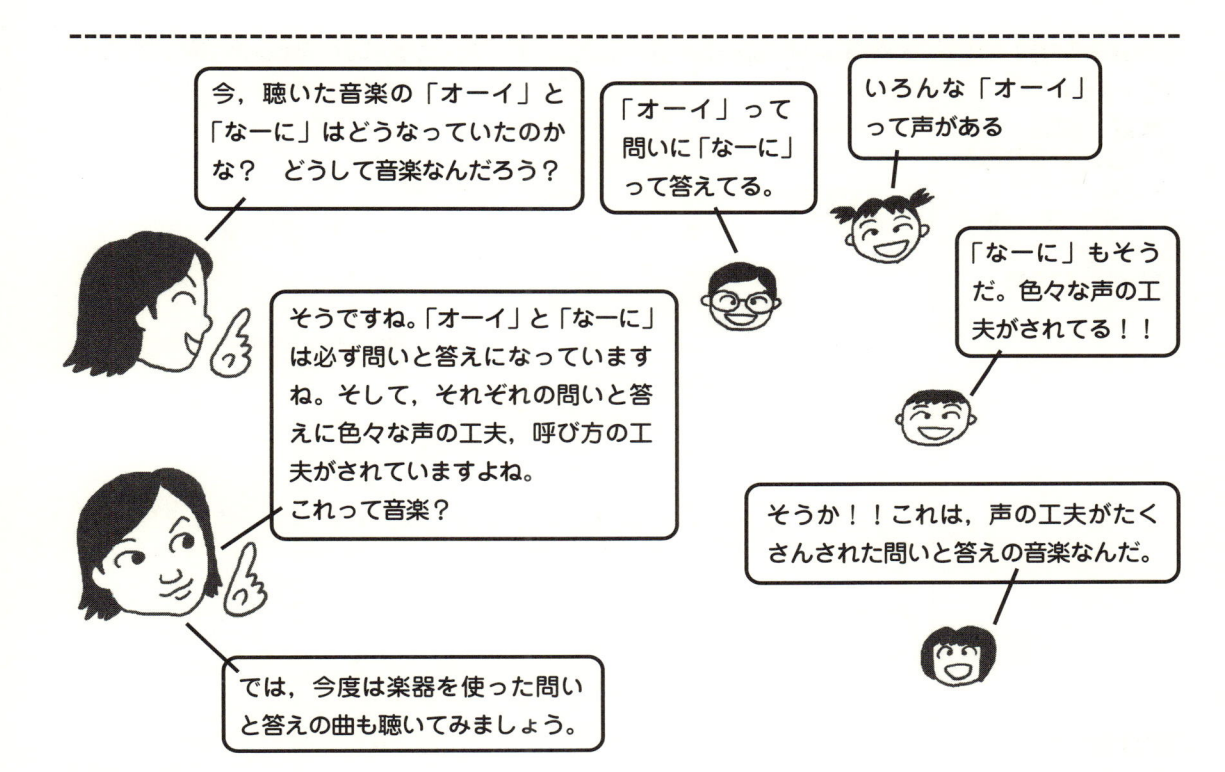

- 今，聴いた音楽の「オーイ」と「なーに」はどうなっていたのかな？ どうして音楽なんだろう？
- 「オーイ」って問いに「なーに」って答えてる。
- いろんな「オーイ」って声がある
- 「なーに」もそうだ。色々な声の工夫がされてる！！
- そうですね。「オーイ」と「なーに」は必ず問いと答えになっていますね。そして，それぞれの問いと答えに色々な声の工夫，呼び方の工夫がされていますよね。これって音楽？
- そうか！！これは，声の工夫がたくさんされた問いと答えの音楽なんだ。
- では，今度は楽器を使った問いと答えの曲も聴いてみましょう。

鑑賞 聴いてみよう！ CD 坪能克裕作曲：「庵の閑話〜巻の二」

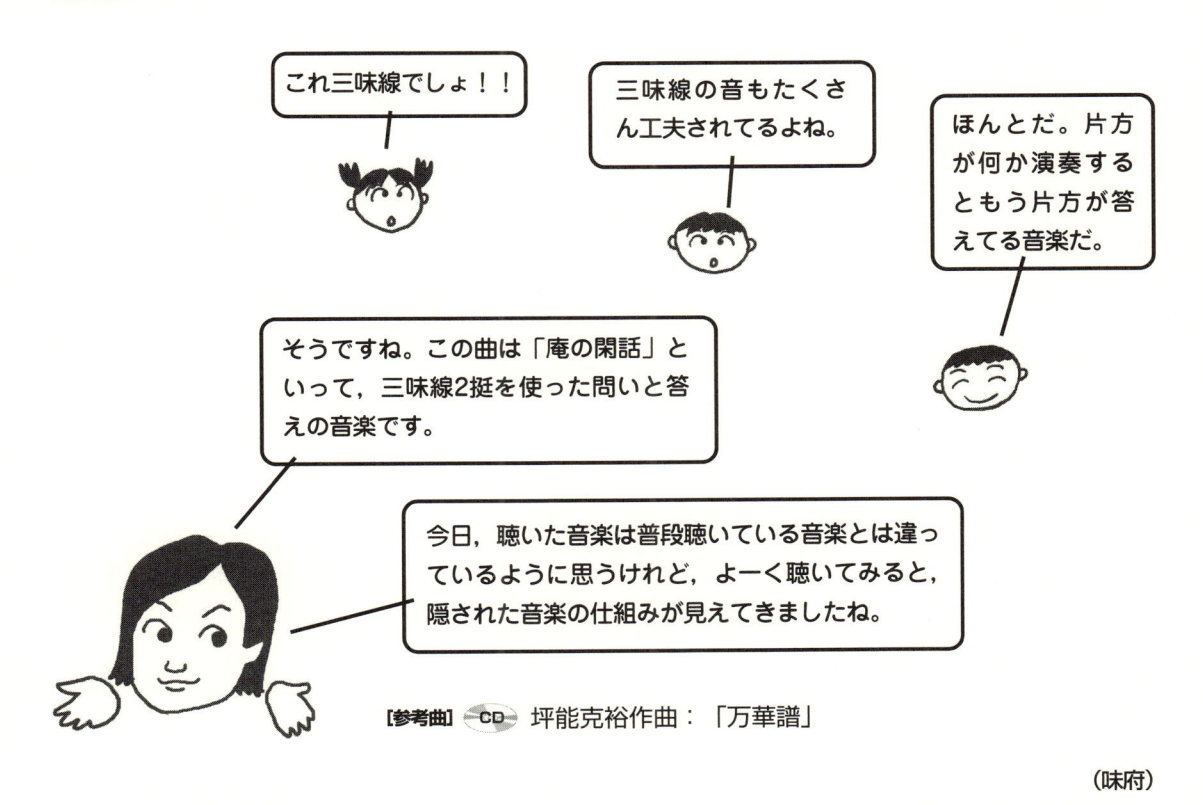

- これ三味線でしょ！！
- 三味線の音もたくさん工夫されてるよね。
- ほんとだ。片方が何か演奏するともう片方が答えてる音楽だ。
- そうですね。この曲は「庵の閑話」といって，三味線2挺を使った問いと答えの音楽です。
- 今日，聴いた音楽は普段聴いている音楽とは違っているように思うけれど，よーく聴いてみると，隠された音楽の仕組みが見えてきましたね。

[参考曲] CD 坪能克裕作曲：「万華譜」

(味府)

主鑑賞曲の解説

パ・パ・パ
（歌劇『魔笛』第2幕より，1791初演）
ウォルフガンク・アマデウス・モーツァルト
（1756～1791）

『魔笛』はモーツァルト最晩年に書かれた，彼の代表的な歌劇である。第1幕第17場の「これは何とすばらしい音だ」は合唱教材として小学校の教科書にも入っている。また第2幕第8場の「夜の女王のアリア」は，コロラトゥーラ・ソプラノが最高音域（2点へ音）で歌う，華麗な超絶技巧の曲として知られている。

「パ・パ・パ」は，第2幕第29場でパパゲーノとパパゲーナが歌う有名な二重唱。物語の最後で再会した2人の恋人たちは，最初は「パ・パ・パ・」と互いにとまどったように応答を交わすが，次第に「パ・パ・パ・パパゲーナ！」「パ・パ・パ・パパゲーノ！」と喜びに満ち，陽気に歌い交わす。バリトンのパパゲーノの呼びかけに，ソプラノのパパゲーナが答える形で，曲は進行していく。

譜例1

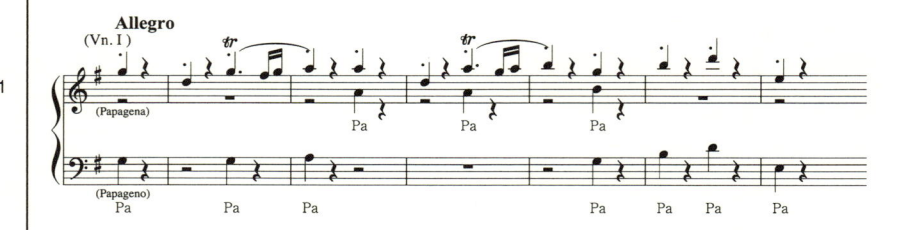

呼びかけ
（1977）
竹内ちさ子
（1951～　）

この作品は，1977年当時の西ドイツ，ボンで開催された〈国際現代音楽祭〉（ISCM世界音楽の日）における〈子どものための子どもによる作品〉コンクールに入賞し，演奏された。当時，作曲者の竹内は京都市内の小学校に勤めはじめたばかりであり，自分の担任するクラスの子どもたちのためにこの作品をつくったのだった。

曲は「オーイ」「なーに」を2グループに分かれて，さまざまな表情で呼びかけ合う，つまり〈問いと答え〉だけでできた作品である。呼びかけの回数や表情のつけ方は演奏者に任されているので，奏者の即興性や創造性に負うところが大きい。**譜例2**はこの作品のスコアであるが，低学年の子どもたちであれば楽譜にとらわれずに，自分たちで「オーイ」「なーに」をもとにして音楽づくりをすることが可能だろう。

譜例2

© 1993 by Victor Music Arts, Inc.

舞踏への勧誘
(1819)
カール・マリア・フォン・ウェーバー
(1786〜1826)

　元々はピアノ独奏用の作品であるが，ベルリオーズの管弦楽用編曲によっても親しまれている。曲は踊りに誘う男性とそれに答える女性の優雅な会話で始まり，すぐにワルツへと移っていく。最初の華やかなワルツのメロディー（**譜例3**）が繰り返される中，4つの新たなワルツが現れては消えていく。そして再び2人の静かな会話でコーダを迎える。

　ウェーバーが与えた元々の題が「華麗なるロンド」であることからも，この曲は一種のロンド形式であるととらえることもできる。また，のちのシュトラウスのウィンナ・ワルツに大きな影響を与えたことでも知られている。

譜例3　　　Allegro vivace

(原調)

庵の閑話
巻の二（1984）
坪能克裕（1947〜 ）

　2挺の三味線による会話で曲は進行する。それは〈庵〉というスペースから漏れ聞こえてくる，三味線の棹から生まれた語りである。しかも〈閑話〉という日常的な，一見とりとめのない二者の会話。しかしそこには秘められた激しい感情の起伏と，内面的な叫びが交錯する。二者の歌は2つの流れのように時にはからまり合い，時には追いかけ合い，一致・不一致を繰り返しながら進んでいく。三味線のさまざまな技法や声が，多様な音色をまるで声色のように使い分けて会話を彩る。

(坪能由)

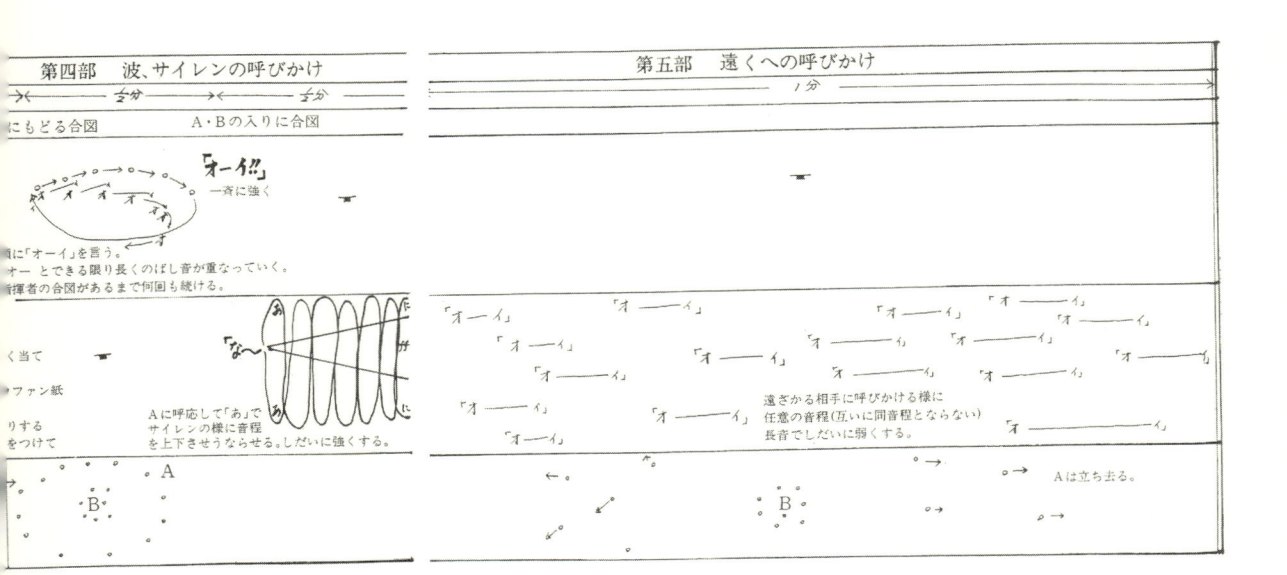

第四部　波、サイレンの呼びかけ	第五部　遠くへの呼びかけ

第3節
合いの手

　会話には〈あいづち〉があります。相手が話すことに何の反応もしないでいると，会話は途切れてしまいます。反対に「そーッ！」「それそれ」「ホントーッ！」とあいづちをうつと，話はドンドン盛り上がったり，拡がっていきます。

　日本の音楽には〈合いの手〉があります。はやし立てたり，同調したり，接続したりするなどの役割を果たしています。それに対しては西洋の音楽にも同じような役割のちょっとしたフレーズがありますが，決まった用語はありません。人によっては〈句読法〉（パンクチュエーション）と言ったりしています。フレーズの区切りに，そのフレーズを生かすもう1つの短いフレーズを挟みます。シンプルなものから，まるで掛け合いをしているようなものまでさまざまです。ジャズにも似たような手があります。いろいろな音楽にどんな合いの手があるかを探してみましょう。

（Dr.ひ〜ろ〜）

日本音楽の合いの手

対　象●高学年
ねらい●演奏の合間に調子よく加わる〈合いの手〉を聴き取ります

日本の民謡「会津ばんだい山」を聴き，その歌詞を書いてみます。

今から福島県民謡の「会津ばんだい山」を聴きます。最初の部分の歌詞を聴き取って，紙に書いてください。

鑑賞 聴いてみよう！

CD　福島県民謡：「会津ばんだい山」

♪　エ〜ヤ〜　あいづ〜　ばんだいさんは〜

先生ー。1回じゃ聴き取れませ〜ん。

ハイハイ，何度でもかけますよ。

聴き取れましたか？　では，歌詞をだれか黒板に書いてください。書き取れなかったところは，お友だちに助けてもらってね。

意味がわかりますか？

会津ばんだい山は宝の山だって言っているよ。

意味のわからないところがあったわ。

「こがね」って金のこと？　金がなってるの？

「会津ばんだい山」
はーよいしょー
エーヤー
あいづばんだいさんはー
たからーのーやーまーよー
ささにーこがねがー
えーまたーなりさーがーるー
ちょいさーちょいさ

「はー よいしょー」ってどういう意味？何かしているの？

先生,「ちょいさーちょいさ」の意味がわかりません。

ハイハイ

どちらも〈合いの手〉といって,曲の合い間に調子のよい〈はやし言葉〉を入れたものなのですよ。

他の民謡を聴き,〈合いの手〉の部分を見つけます。

では,他の民謡をいくつか聴いて,〈合いの手〉の言葉を書き取ってみましょう。あとで,どんな言葉だったか発表してね。

鑑賞 聴いてみよう！

CD 山形県民謡：「花笠音頭」　　鹿児島県民謡：「鹿児島小原節」

さいーさいー。
あー やっしょー
まーかしょ。

あー,よーいよーいよーいやさ。
あー,こりゃこりゃこらな。

「花笠音頭」を聴きながら,〈合いの手〉を一緒に言ってみます。

みんなで「花笠音頭」の〈合いの手〉を歌に合わせて言ってみましょう。何回聴いたら,うまく合わせられるかな？

簡単簡単！
2回聴いたらタイミングがわかったよ。

あ～やっしょ～まーかしょ

【参考曲】CD 北海道民謡「ソーラン節」
新潟県民謡「佐渡おけさ」
和歌山県民謡「串本節」など

（熊木）

Dr.ぴ～3～のワンポイントアドバイス

〈合いの手〉は,歌詞と違って言葉自体に意味がないものもあります。しかし音楽としては〈はやし立てる〉ことによって,〈つなぐ〉ことや〈装飾〉することになり,歌う内容を支えて,豊かに,面白くしているのです。

メロディーに調子を合わせたような,メロディーに答えているような,メロディーの言葉を超えてもっとイメージでふくらませたいような,伴奏パターンの〈繰り返し〉を助けているような,いろいろな〈合いの手〉があります。1つのメロディーが効果的に浮き上がるような,またみんなが歌に参加できるような不思議な呪文がそこにはあります。どのような〈かかわり方〉をしているか聴いてみるだけで,歌い続けてきた人々の世界が分かります。

西洋音楽の合いの手

対　象●中学年以上
ねらい●演奏の合間に現れる〈合いの手〉を聴き取ります

子どもたちが知っている音楽から〈合いの手〉を見つけます。

きょうは，みんなのよく知っている「しあわせなら手をたたこう」を歌いましょう。

♪　しあわせなら手をたたこう　（パン！パン！）
♪　しあわせなら手をたたこう　（パン！パン！）

おっ？　上手に手拍子を入れたねえ。先生は「手を打ってね」って言ってないのに……。

だって，そこで手をたたきたくなるんだもん。

前に歌ったことがあって覚えているよ。

そうですね。この歌のように，音楽の途中に調子よく音や声を入れることを〈合いの手〉を入れると言います。「しあわせなら手をたたこう」はメロディーに答えるように合いの手が入っていますね。

では，「しあわせなら手をたたこう」の2番・3番……も歌いましょう。

2番＝足ならそう　　3番＝肩たたこう……　　8番＝笑いましょう……　　12番＝最初から

〈合いの手〉がどんどん増えておもしろいですね。ほかにも〈合いの手〉が入っている音楽を知っていますか？

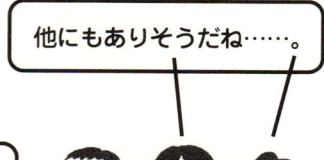

他にもありそうだね……。

「楽しいね」がそうだよ。

「剣の舞」を聴き，〈合いの手〉の部分を聴き取ります。

〈合いの手〉は，手拍子や声だけではなく，〈楽器〉を演奏して入れる時もあります。これから，ある音楽を聴きます。〈合いの手〉が聞こえるかな？

鑑賞 聴いてみよう！（「剣の舞」のはじめから34小節目まで聴きます）

CD ハチャトゥリャン作曲：「剣の舞」（舞踊組曲『ガイーヌ』より）

オーボエ
トロンボーン
（冒頭より9小節目から）
glissando　B 合いの手　gliss.

Aram Ilyich Khachaturian: Sabre Dance
Copyright by Zen-On Music Company Ltd. for Japan

ん〜？　この部分かな？
わかったぞ!!

分からない人もいるようですね。では，先生と一緒に動いてみましょう！

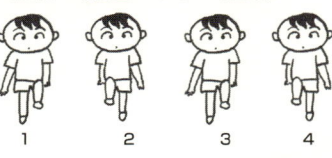

A　旋律は行進のように足踏み　　　B　〈合いの手〉は手でグリッサンドを表現
　1　2　3　4

おもしろ〜い!!
動いてみるとわかりやすいね。

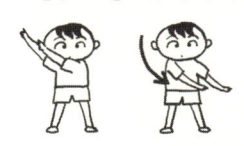

さあ，では，今度はこの曲の最初から最後まで聴きますよ。〈合いの手〉が出てきたら，手を先ほどのように動かしましょう。

うん！　今度はよくわかる！

【参考曲】CD アンダソン作曲：『タイプライター』

（髙倉）

Dr.ぴ〜３〜のワンポイントアドバイス

　クラシック音楽にも〈合いの手〉があります。日本民謡のように単旋律での合いの手と同じではありませんが，仕掛けは同じです。〈応答（コール・アンド・レスポンス）〉の一種です。1つのメロディーに対して，長い返事から短い相づちやうなずきまでさまざまです。どんな返事（はやし方，合いの手などの〈答え〉）をしているのか，考えながら聴くと楽しくなります。また何回も同じ返事ではなく，音楽が進むにつれていろいろな言い方に替わることもあります。会話を楽しんでいるような音楽が，たくさんあるのが分かります。

　参考曲の「タイプライター」では，描写音や効果音（チンなどの機械音）が入っているようですが，その音はフレーズの『句読点』になっています。それはいちばん短い〈合いの手〉の一種です。

主鑑賞曲の解説
日本の民謡における合いの手

　合いの手とは，長いメロディーの合間に挿入される短い間奏部分。日本の民謡にはさまざまな合いの手が含まれている。多くの場合，メロディーを1人が歌い，それに相づちを打ったり，うなずいたり，はやし立てたりする合いの手を大勢が歌う。合いの手には具体的な意味のある言葉は少ないが，言葉の持つ語調やリズムが絶妙のタイミングで挿入され，歌に大きな魅力を与えている。

　本文では主鑑賞曲として3曲が，参考曲が3曲挙げられているが，下にそれらの合いの手を表にしてみた。

曲名	県	合いの手	楽器	その他
会津磐梯山	福島	ちょいさーちょいさ はーもっともだー，もっともだ	三味線，打ち物	三味線パターンの繰り返し
花笠おどり	山形	さいさい あーやっしょーまかしょー	三味線，打ち物，笛	
鹿児島小原節	鹿児島	あーよいよいよいやさ あーこりゃこりゃこらな は，よいよいよい	三味線，打ち物	
ソーラン節	北海道	はいはい やさ　えんやさあどっこいしょ　あーどっこいしょどっこいしょ	ナシ	
佐渡おけさ	新潟	はーありゃさ はーありゃありゃありゃさ	三味線，打ち物，笛	三味線パターンの繰り返し
串本節	和歌山	あぁ　おっちゃやーれ	三味線，打ち物	

剣の舞
（舞踊組曲「ガイーヌ」より，1942初演）
アラム・イリイチ・ハチャトゥリャン
（1903～1978）

　アルメニア人であったハチャトゥリャンは，アルメニアや少年時代を過ごした外コーカサス地方の民族音楽の影響を強く受けた，リズム感と生命力にあふれた音楽を書いた。その強烈な土俗的で野性味のある作風によって，ハチャトゥリャンは現代の作曲家の中では珍しい，大衆的な人気を得ている。

　バレエ音楽『ガイーヌ』は，第2次大戦中に書かれた彼の代表作である。女主人公のガイーヌが夫の犯罪を訴え出ようとし，そのため夫に殺害されそうになる。警察隊長に救われたガイーヌは，この隊長と結ばれるという物語である。

　ハチャトゥリャンはこのバレエ音楽から演奏会用に3つの組曲をつくった。この「剣の舞」は，第1組曲の第1曲で，クルド人の出陣の際の舞踊音楽である。

　ティンパニ，小太鼓及び弦楽器を主としたプレストのリズムに，ホルン，木管，木琴の連続音で始まる強烈なメロディーが続く。その合間を縫って，金管―木管―金管が炸裂しつつ応答し合う。中間部は独奏チェロとサクソフォーンの3拍子の旋律（**譜例1**）と，並行和音の連続でできた激しいリズムの部分（**譜例2**）が続く。再び冒頭のリズムに戻って，曲を終える。
　　　　　　　　　　　　　　　　　　　　　　　　　　　　　　　　　（坪能由）

譜例1

譜例2

Aram Ilyich Khatchaturian: Sabre Dance
Copyright by Zen-On Music Company Ltd. for Japan

第2章
●
反復と変化

第1節
音楽には繰り返しがある

　音楽は複雑に組み立てられているように思われています。でも仕組みは簡単な1つのことを繰り返し，それをつなげてできていることが多いのです。

　現代音楽のミニマル・ミュージックはその代表的な例です。簡単な1つのフレーズを繰り返しているだけです。1つのフレーズの繰り返しでも，他の人のフレーズを組み合わせることによって，複雑に聞こえてきます。そのミニマル・ミュージックはアフリカやアジアの民族音楽の影響を受けていて，民族音楽にはこうした単純な繰り返しの構造を持ったものがたくさんあります。

　クラシック音楽も，1つのテーマを繰り返しています。ただし，その1つを繰り返す時に，手を替え品を替え工夫して表現しているので，分かりづらいかもしれません。でも原理は同じです。

（Dr.ひ〜ろ〜）

リズムの繰り返し

対　象●高学年以上
ねらい●数種類のリズムが重なって繰り返されていることを聴き取ります

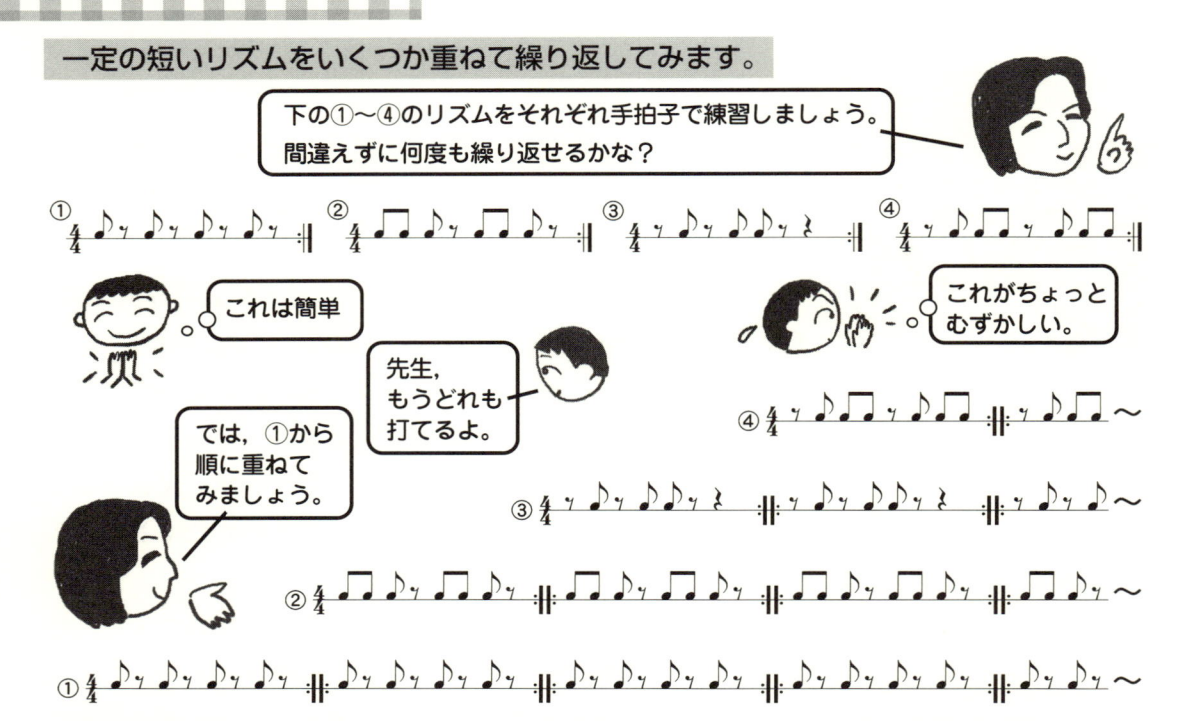

一定の短いリズムをいくつか重ねて繰り返してみます。

下の①〜④のリズムをそれぞれ手拍子で練習しましょう。
間違えずに何度も繰り返せるかな？

これは簡単

これがちょっとむずかしい。

では，①から順に重ねてみましょう。

先生，もうどれも打てるよ。

「木片のための音楽」がどのような仕組みでできているか考えながら，途中まで聴きます。

今から聴く曲には，いくつかのルールがあります。さあ，それは何かな？考えながら聴きましょう。

鑑賞　聴いてみよう！
CD　ライヒ作曲：「木片のための音楽」（途中まで）

ずっと同じ速さで続けることかな？

それとも，最初の人がずっと規則正しくタッタッと打ち続けているってことかな？

いくつかのリズムが重なっていくよ。だんだん重ねるのがルールかな。

同じリズムを繰り返しているよ。それがルールなのかな。

さっき，僕たちが手拍子のリズムを重ねたのと，似ているんじゃない？

①〜④のリズムを木の楽器にかえて演奏してみます。

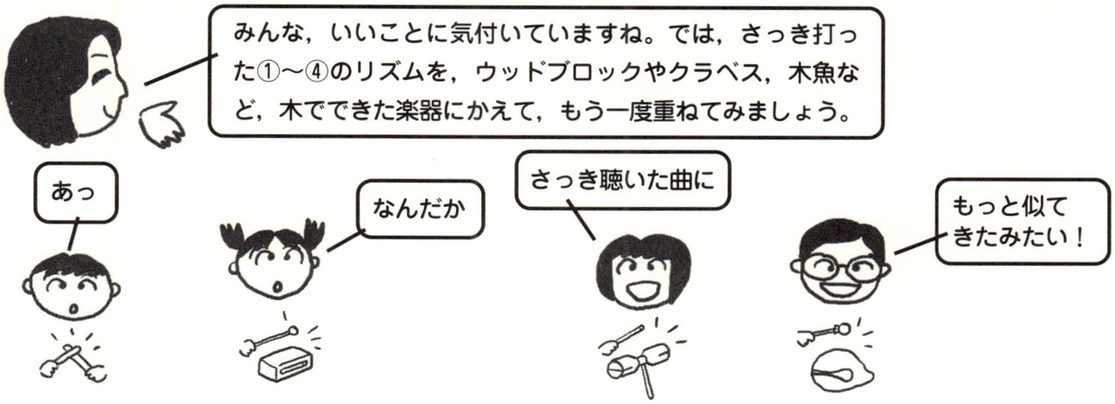

「みんな,いいことに気付いていますね。では,さっき打った①〜④のリズムを,ウッドブロックやクラベス,木魚など,木でできた楽器にかえて,もう一度重ねてみましょう。」

「あっ」

「なんだか」

「さっき聴いた曲に」

「もっと似てきたみたい!」

「木片のための音楽」を最後まで聴きます。

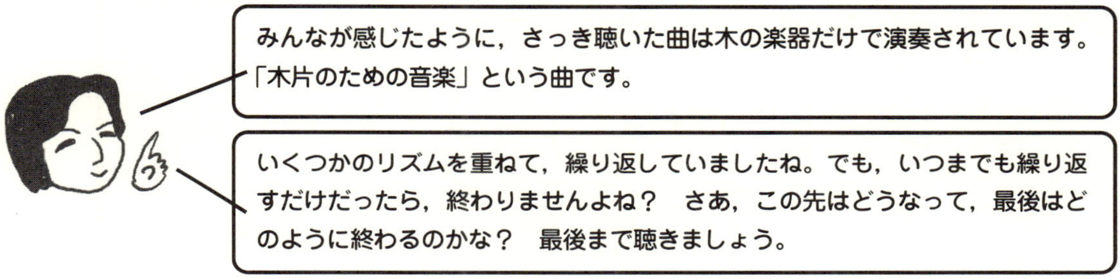

「みんなが感じたように,さっき聴いた曲は木の楽器だけで演奏されています。「木片のための音楽」という曲です。」

「いくつかのリズムを重ねて,繰り返していましたね。でも,いつまでも繰り返すだけだったら,終わりませんよね? さあ,この先はどうなって,最後はどのように終わるのかな? 最後まで聴きましょう。」

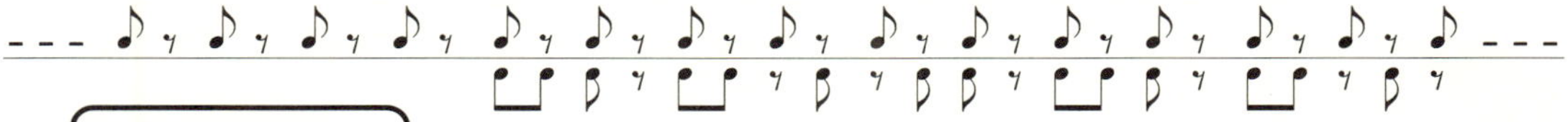

Reich: Music for Pieces of Wood
© 1980, Universal Edition(London)Ltd., London/UE 16219
Reprinted by permission of Universal Edition(London)Ltd., London

「さあ,どうなっていましたか?」

「ずっと繰り返しているのかと思ったら,ときどきみんな一緒のリズムになるよ。」

「順番に入ったから順番に止めるのかと思ったら,ちがった。」

「盛り上がったと思ったら,急に終わったね。」

「そうですね。世界には同じようなルールでできている曲がいろいろあります。別の曲を聴いてみましょう。」

【参考曲】CD 韓国のサムルノリ,日本のおはやし アフリカの太鼓の音楽など

(熊木)

Dr.ひ〜3〜のワンポイントアドバイス

「1つの〈リズム・パターン〉を繰り返す」というルールがあると,その〈繰り返す〉ということによって音が音楽へと形づくられていきます。複雑そうに聞こえる音楽も,実は簡単な1つのパターンの繰り返しからできていることが多いのです。どんなふうに繰り返すかは,音楽によって異なります。
「木片のための音楽」では,1つのリズムを繰り返し,それが次々とリズム・パターンによって組み合わされていく仕組みが面白いのです。

繰り返しは
ダンスにもある

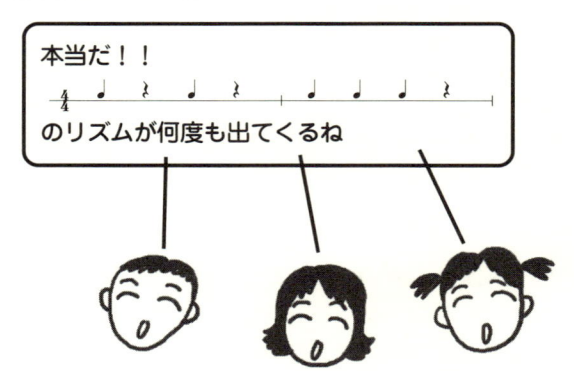

対　象●中学年以上
ねらい●ダンス音楽の中にある繰り返しのリズムを聴き取ります

ダンスのステップに見られる繰り返しを体験します。

みんなは「ジェンカ」のステップを知ってる？　簡単ですよ。やってみましょう。

やってみよう　　CD　レーティネン作曲：「ジェンカ」

クラス全員で「ジェンカ」を踊ります。

ステップ後半（前→うしろ→前・前・前）のところ，とても楽しいですよね。実は，この「ジェンカ」という曲では のリズムが繰り返されていますよ。今度は曲をじっと聴いてみましょう。

鑑賞 聴いてみよう！

CD　レーティネン作曲：「ジェンカ」

本当だ！！
のリズムが何度も出てくるね

38●第1節●音楽には繰り返しがある

ダンス音楽の中にある繰り返しのリズムを聴き取ります。

これからある音楽を聴きます。そこにもリズムの繰り返しがありますよ。さて、どんなリズムかな？聴いてみましょう。

鑑賞 聴いてみよう！

CD フィリピン民謡：「ティニックリン」

3拍子だね

ウン・チャ・チャ…かな？

どんな楽器でたたいているのかな？

はい、正解！ のリズムでしたね。これはバンブーダンスといって、竹と竹を打ち合わせて鳴らしている音です。

今度は、竹を打ち合わせるまねをしながら聴きましょう。

鑑賞 聴いてみよう！

CD フィリピン民謡：「ティニックリン」

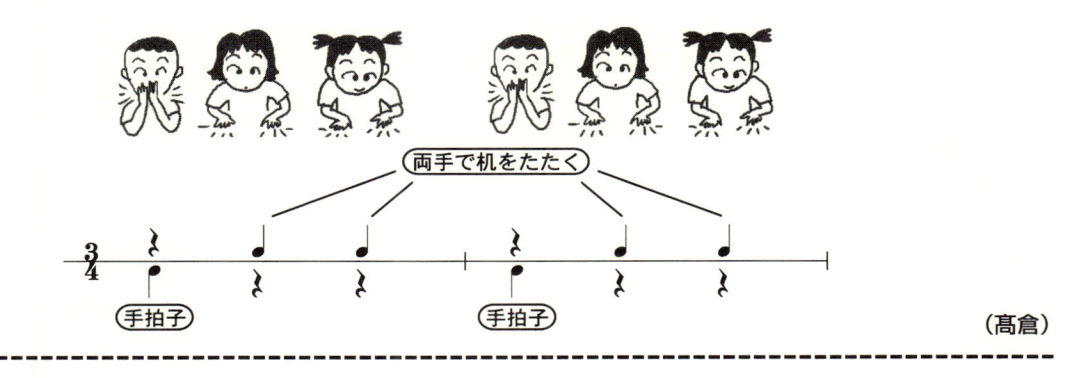

両手で机をたたく

手拍子　　手拍子

（髙倉）

第2章 ●反復と変化●39

繰り返しは太鼓の命

対　象●中～高学年
ねらい●日本のお囃子の音楽にある〈繰り返しのリズム〉を聴きます

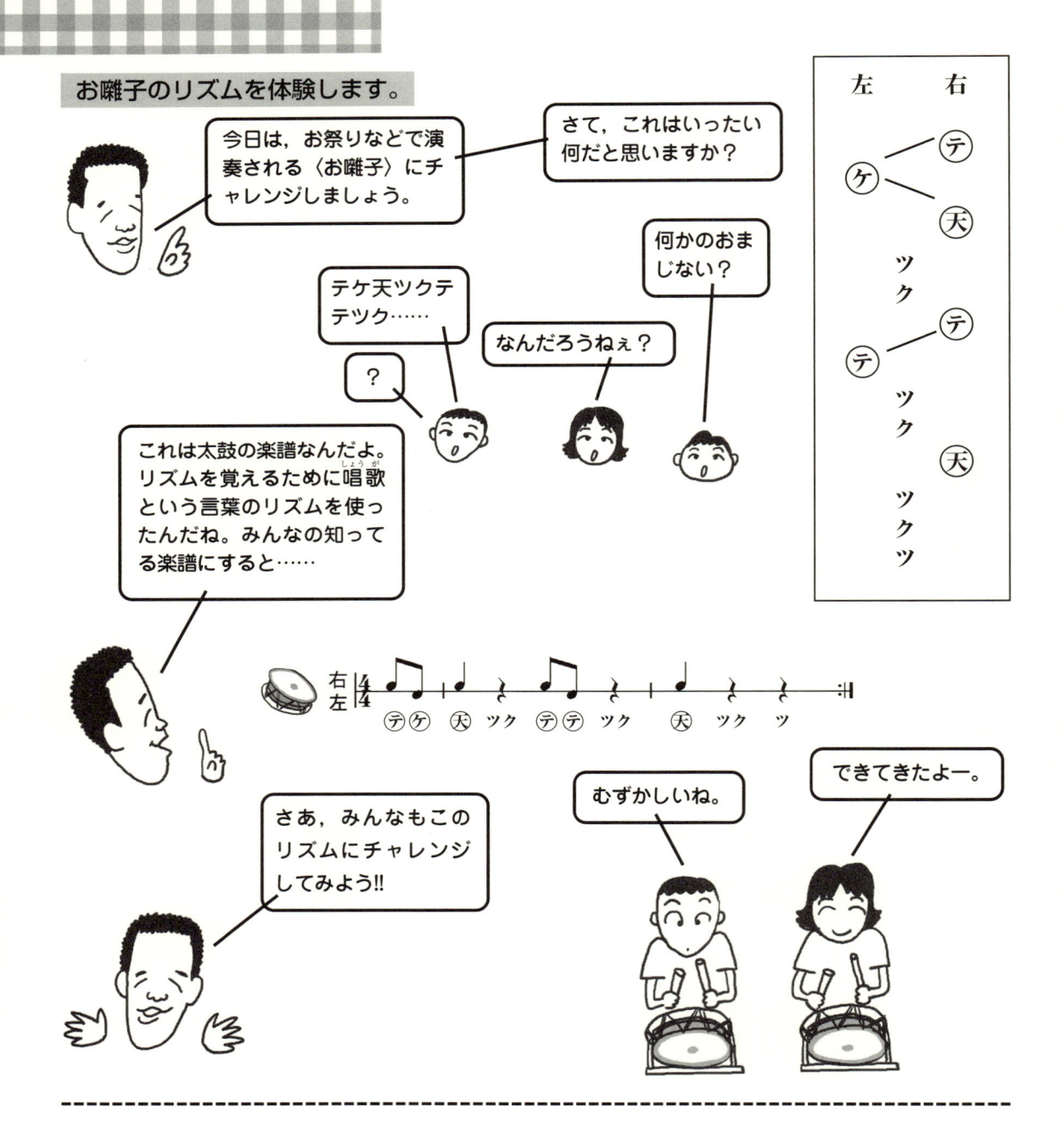

お囃子のリズムを体験します。

先生：今日は，お祭りなどで演奏される〈お囃子〉にチャレンジしましょう。

先生：テケ天ツクテテツク……

子ども：？

子ども：さて，これはいったい何だと思いますか？

子ども：何かのおまじない？

子ども：なんだろうねぇ？

右　左
テケ　天
ツク
テテ　ツク
天　ツクツ

先生：これは太鼓の楽譜なんだよ。リズムを覚えるために唱歌（しょうが）という言葉のリズムを使ったんだね。みんなの知ってる楽譜にすると……

右／左　4/4　テケ　天　ツク　テテ　ツク　天　ツク　ツ

先生：さあ，みんなもこのリズムにチャレンジしてみよう!!

子ども：むずかしいね。

子ども：できてきたよー。

お囃子の音楽を聴きます。

では，今日はお囃子の音楽を聴きます。今，みんながチャレンジしたようなリズムが聞こえますよ。

鑑賞1 聴いてみよう！
CD 神田囃子より「仁羽（にんば）」（冒頭の1～2分）

すごく速いねー。

本当だ。あのリズムが聞こえるね。

何度も繰り返されているねー。

そうだね。この音楽は，締太鼓のリズムが何度も繰り返されてできているね。

先生！ ほかの楽器の音も聞こえたよ。

そのとおりです。ではもう一度聴きましょう。どんな楽器の音が聞こえるかな？

鑑賞2
CD 神田囃子より「仁羽」（冒頭の1～2分）

低い音の太鼓とか金物の音が聞こえたよ!!

そう。大太鼓，笛，当り鉦（あたりがね）だね。最後にもう一度聴こうね。自分の好きな楽器を選んで演奏する真似をしよう。

鑑賞3
CD 神田囃子より「仁羽」（全曲）

今日は，「仁羽」という曲を聴きました。
お囃子は全国各地にそれぞれの土地のものがあります。
いろいろなお囃子を聴いてみたいですね。

どんなリズムのパターンを繰り返しているかな？

【参考曲】CD 貫井囃子，佐倉囃子

（髙倉）

Dr.ひ～ろ～のワンポイントアドバイス
「仁羽」は〈神田囃子〉〈貫井囃子〉〈佐倉囃子〉などの関東地方のお囃子に多く見られます。その基本的な構造は，締太鼓（小太鼓）が8拍のパターンを繰り返し，それに大太鼓が即興も交えながら答える，というものです。その組み合わせの妙味がこうしたお囃子の醍醐味であるといえるでしょう。授業で聴いたのは東京に伝承されている〈神田囃子〉ですが，「仁羽」のパターンや口唱歌はそれぞれのお囃子で似ています。どんな仕掛けでできているのかを，自分たちの地域のお囃子と比べて聴くことも，お囃子の理解につながります。

繰り返しで
できている音楽

対　象●高学年
ねらい●数種類のリズムが，お互いの空白を埋めるように組み合わされて繰り返されていることを聴き取ります

声がどのように使われているかに注意しながら，「ケチャ」を鑑賞します。

今から聴く音楽は，声でできている音楽です。どのように声を使っているかな？

鑑賞　聴いてみよう！
CD　バリ島（インドネシア）の民俗芸能：「ケチャ」

チャ

なにこれ？これって音楽なの？

メチャクチャにチャチャチャチャ言っているだけじゃないの？

メチャクチャなのかなあ。何かきまりがあるんじゃない？

声は声だけど歌っていないよ。

リズムみたいに使っているよ。

先生が示したリズムの空白部分を埋めるように手拍子を打ちます。

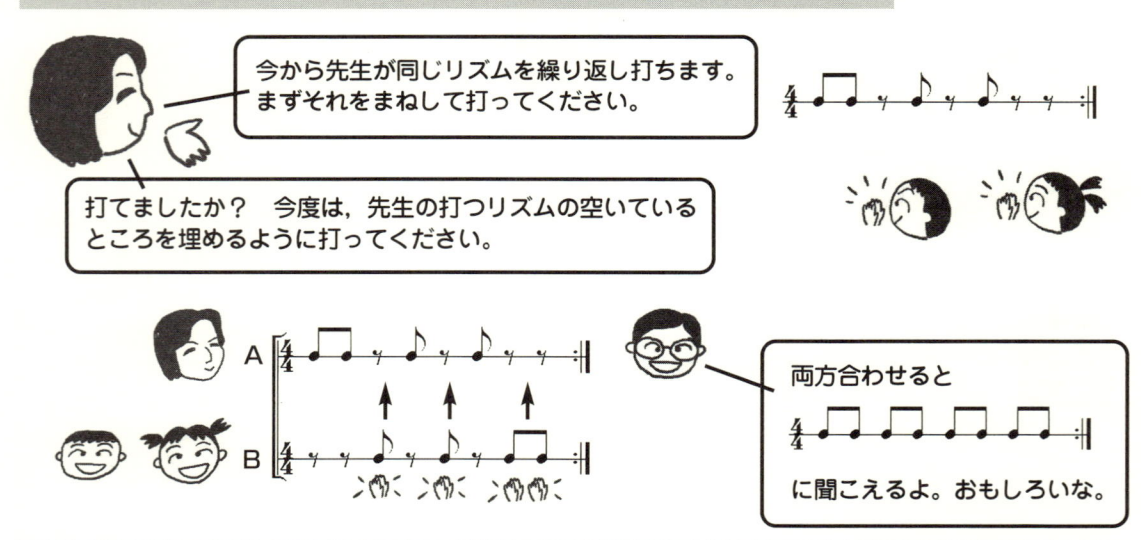

今から先生が同じリズムを繰り返し打ちます。まずそれをまねして打ってください。

打てましたか？　今度は，先生の打つリズムの空いているところを埋めるように打ってください。

両方合わせると

に聞こえるよ。おもしろいな。

今打ったリズムを「チャ」と「ク」の言葉で行います。

先生: では，先ほどのリズムで手を打つところは「チャ」，空いているところは小さく「ク」と言うことに変えましょう。

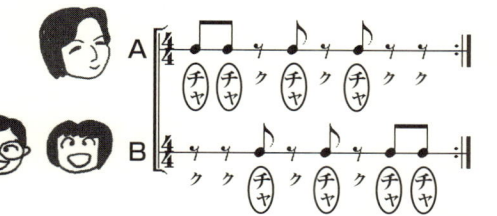

A: チャ チャ ク チャ ク チャ ク ク
B: ク ク チャ ク チャ ク チャ チャ

生徒: 先生，もっとゆっくり言ってよ。
生徒: こんがらがっちゃうよ。
生徒: 繰り返すのは，けっこう難しいよ。

先生: 最初に聴いた音楽も，ただチャチャチャチャと言っているのではなくて，このように，いくつかのリズムを組み合わせているのです。互いのリズムの空いているところを埋め合うようになっているのですよ。

インドネシアの音楽で，「ケチャ」といいます。

生徒: へ〜え〜

もう一度「ケチャ」を聴きます。

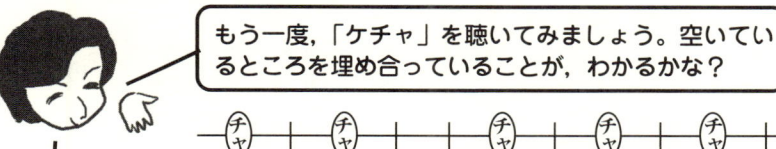

先生: もう一度，「ケチャ」を聴いてみましょう。空いているところを埋め合っていることが，わかるかな？

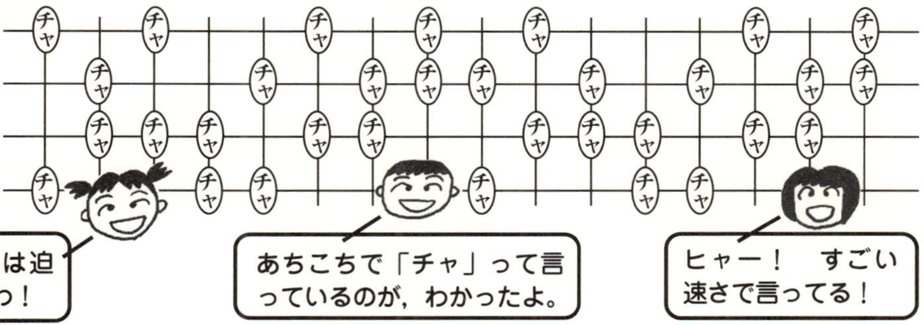

生徒: 私たちとは迫力が違うわ！
生徒: あちこちで「チャ」って言っているのが，わかったよ。
生徒: ヒャー！　すごい速さで言ってる！
生徒: 他にもこのような音楽がありますよ。

【参考曲】CD　ガムラン音楽（バリ）の「ギラッ」の太鼓のパターン
杵屋正邦作曲：「呼応」

（熊木）

Dr.ぴ〜ろ〜のワンポイントアドバイス

みんなでメ・チャ・ク・チャに言い合っても音楽になりません。ルールがあります。この事例では，AとBの2つのグループがそれぞれ1つのリズム・パターンを繰り返しているのです。そのパターンは（楽譜の）左から打つリズム（A）と，同じつくりを右から打つリズム（B）とになっています。AとBは左右対称になっていて，お休みのところで相手のリズムが入る〈穴埋めリズム〉になっています。その右から打つリズムは〈逆行〉といい，クラシック音楽から現代音楽，ジャズにも使われている手です。音楽を形づくる仕掛けは同じで，リズム・パターンをもう1つ増やすと，とても難しそうな音楽に聞こえます。

最初はゆっくり，慣れたら次第に速く，最後はデタラメにならない速さまでテンポを上げて（手拍子・声でも）演奏すると，ちょ〜カイカンが味わえます。

低音で繰り返す音楽

対　象●高学年
ねらい●低音に何度も現われる繰り返しが楽曲全体を支えていることを感じ聴き取ります

知っている曲から低音で繰り返す部分を探します。

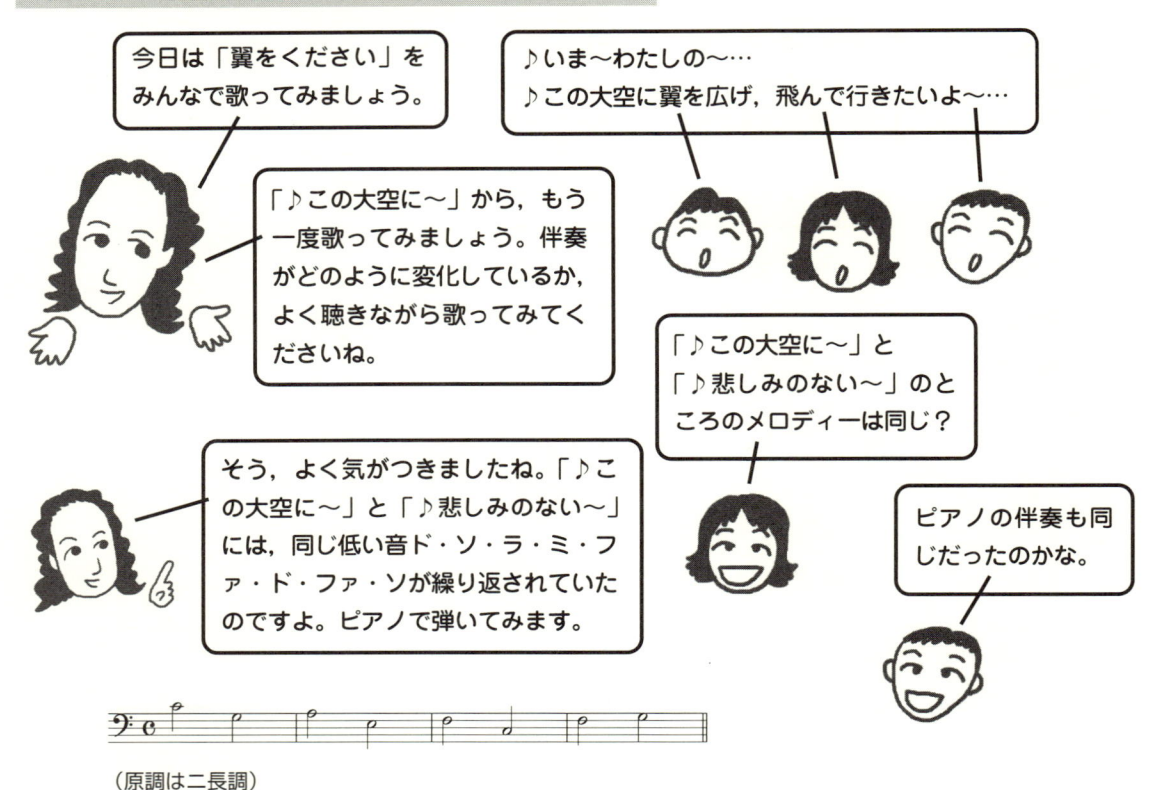

- 今日は「翼をください」をみんなで歌ってみましょう。
- ♪いま～わたしの～…
  ♪この大空に翼を広げ，飛んで行きたいよ～…
- 「♪この大空に～」から，もう一度歌ってみましょう。伴奏がどのように変化しているか，よく聴きながら歌ってみてくださいね。
- 「♪この大空に～」と「♪悲しみのない～」のところのメロディーは同じ？
- そう，よく気がつきましたね。「♪この大空に～」と「♪悲しみのない～」には，同じ低い音ド・ソ・ラ・ミ・ファ・ド・ファ・ソが繰り返されていたのですよ。ピアノで弾いてみます。
- ピアノの伴奏も同じだったのかな。

（原調はニ長調）

「カノン」の冒頭部分（低音のフレーズが3回繰り返すところまで）を聴いてみます。

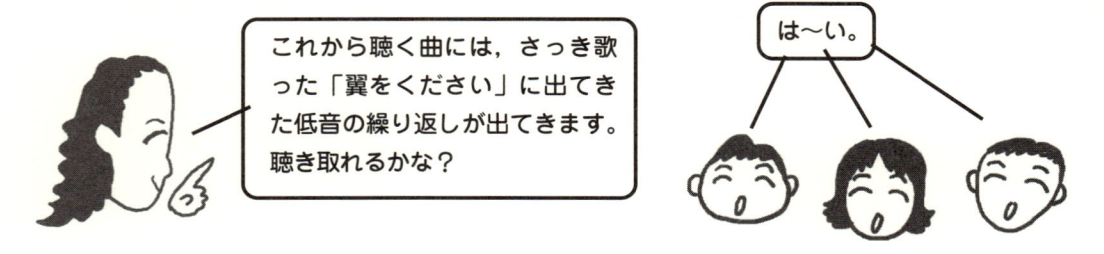

- これから聴く曲には，さっき歌った「翼をください」に出てきた低音の繰り返しが出てきます。聴き取れるかな？
- は～い。

鑑賞 聴いてみよう！

　　CD　パッヘルベル作曲:「カノン」

先生:「そうですね。皆さんよく聴き取れましたね。
この曲には，最初から最後までずっと低い音が繰り返しあらわれて音楽を支えているのです。」

生徒:「1つだけ，ゆっくりのパートがそうなのかな？」

生徒:「本当だ！低い音で繰り返していたよ。」

今度は「カノン」を最後まで聴いてみます。

先生:「では，今度は「カノン」を最後まで聴いてみましょう。
今度は，どうして何度も繰り返しているのか，考えながら聴いてみてくださいね。」

生徒:「他のパートが変わっていくのが引き立つのかな？」

鑑賞 聴いてみよう！

　　CD　パッヘルベル作曲:「カノン」全曲

先生:「みなさん色々気づいたようですね。
今日は，低い音がずっと繰り返していることによって，音楽全体を支えていることがわかりましたね。」

生徒:「ずっと同じことを繰り返していると耳に残るよね。」

先生:「みなさんの身近な曲にも，同じ低音の繰り返しを見つけることができるかもしれませんよ。探してみましょう。」

[参考曲]　CD　パーセル作曲：「3声のグラウンド」
　　　　　　カッチーニ作曲：「アベ・マリア」

先生:「ビートルズ「レット・イット・ビー」や山下達郎「クリスマス・イヴ」，ZARD「負けないで」などポップスにも曲の随所にこの低音の繰り返しを見ることができます。」

(駒)

第2章 ●反復と変化●45

日本の音楽における繰り返し

対　象●高学年
ねらい●日本の音楽の繰り返し（さらし）を聴き取り，日本の音楽の面白さを感じます

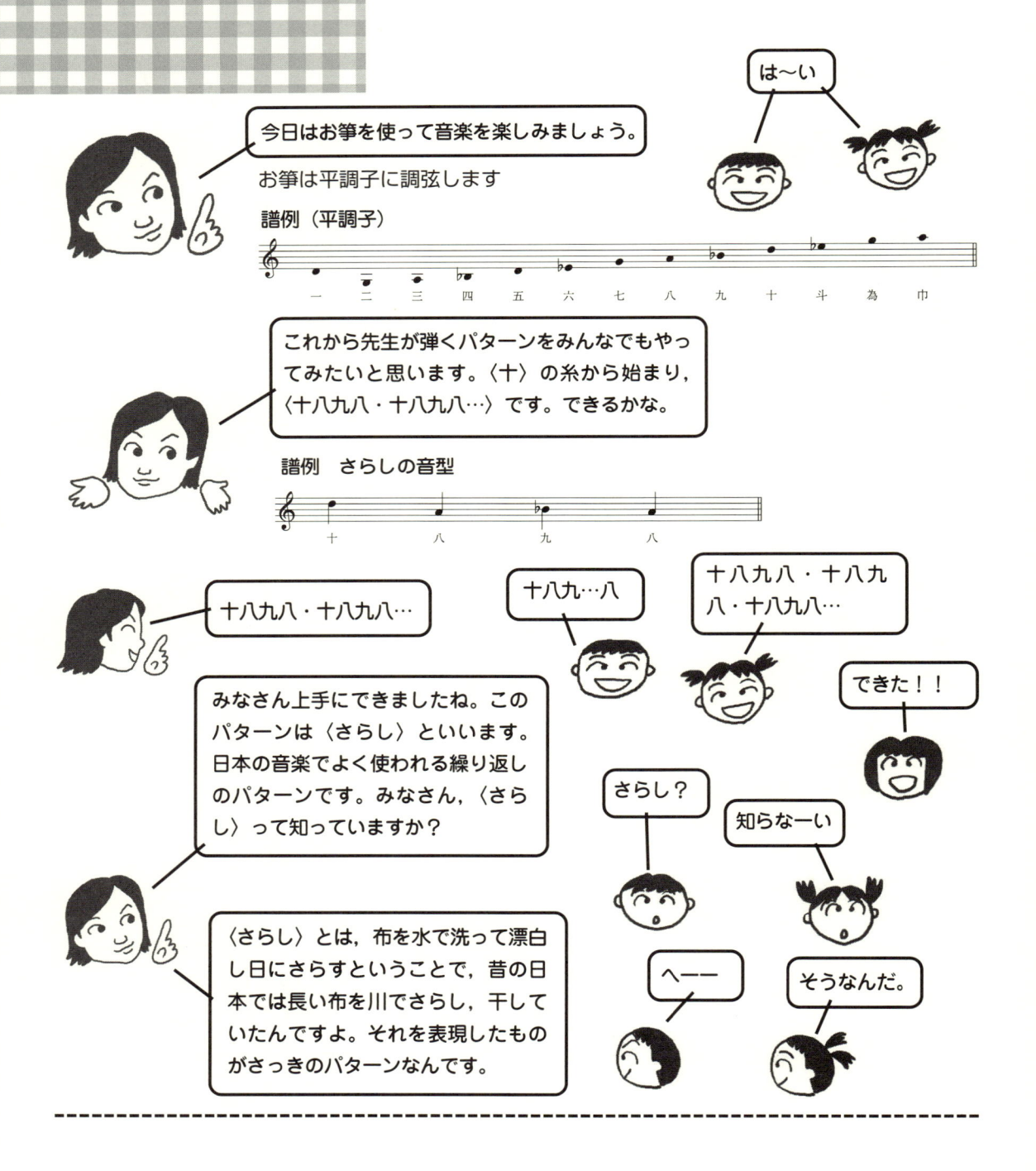

今日はお箏を使って音楽を楽しみましょう。
お箏は平調子に調弦します

譜例（平調子）

一　二　三　四　五　六　七　八　九　十　斗　為　巾

は〜い

これから先生が弾くパターンをみんなでもやってみたいと思います。〈十〉の糸から始まり，〈十八九八・十八九八…〉です。できるかな。

譜例　さらしの音型

十　八　九　八

十八九八・十八九八…

十八九…八

十八九八・十八九八・十八九八…

できた！！

みなさん上手にできましたね。このパターンは〈さらし〉といいます。日本の音楽でよく使われる繰り返しのパターンです。みなさん，〈さらし〉って知っていますか？

さらし？

知らなーい

〈さらし〉とは，布を水で洗って漂白し日にさらすということで，昔の日本では長い布を川でさらし，干していたんですよ。それを表現したものがさっきのパターンなんです。

へーー

そうなんだ。

では，さらしのパターンを使ってみんなで遊んでみましょう。みんなさらしのパターンは弾けるかな。

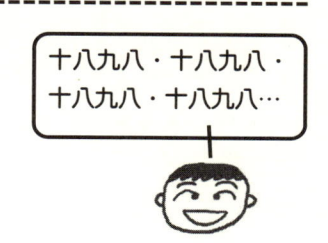

ばっちり！！

十八九八・十八九八・十八九八・十八九八…

子どもたちのさらしにのって先生が即興でつくります。

即興の例：一の弦から巾の弦まで順番に音を鳴らす。
＊平調子に調弦してあるお箏であれば，どの音を使っても簡単につくることができます。
　グリッサンドやピッチカートなどを入れても面白いです。

おーー。先生すごい。

曲みたい。

面白そう。やらせて！！

さぁ，先生がやったことを今度はみんなもやってみましょう！！　さらしをみんなで弾きながら，先生のところは交代でやりましょうね。

こんなのどうかな

楽しい

みんなとても上手にできましたね。では，今やったことと同じようにつくられているさらしの曲を最後に聴いてみましょう。

鑑 賞 聴いてみよう！

🄲🄳 深草検校作曲：「古ざらし」（手事部分）

お箏じゃない楽器もあったね。三味線かな。

さらしがずっとなってた。

さらしじゃない人，すごい。色んなことやってた。

日本の音楽にはさらしのように繰り返しのパターンを使った音楽がたくさんあります。よく耳を傾けて聴いてみましょうね。

ぼくたちのやったのと似てる。

[参考曲] 🄲🄳 深草検校ほか作曲：「新ざらし」（手事部分）

(味府)

第2章 ●反復と変化●47

伴奏の繰り返し

対　象●低学年以上
ねらい●音のパターンの繰り返しが，音楽を支えていることを聴き取ります

1つの〈音のパターン〉を歌えるようにします。

これから，先生が歌います。何度も繰り返して歌いますから，覚えたらいっしょに歌ってみましょう。

ゴン ゴン ゴン　ゴン ゴン ゴン

※楽譜は使いません。

みなさん，もう覚えて歌えるようになりましたか？

かんたん！

だって，同じことの繰り返しだもん。

上の「ゴン ゴン ゴン」を繰り返して歌うグループと，「かねがなる」を歌うグループに分かれて，合わせて歌います。

※歌詞をつけないでラララ〜で歌ってもよいです。

みなさんは，「かねがなる」という歌を知っていますか？
先生が歌ってみますから，覚えていっしょに歌いましょう。

かねがなる　　　　　　　　　　　　　　フランス民謡・勝 承夫 訳詞

しずかな　かねのね　まちの　そらに
ゆめのように　たかくひくく　ゴン ゴン ゴン　ゴン ゴン ゴン

上手に歌えましたね。

では，今度は，さっきの「ゴン ゴン ゴン」グループと「かねがなる」の2つのグループに分かれて，いっしょに歌ってみましょう。

いっしょに歌ってみておもしろかったかな？

同じことを繰り返して歌っているだけなのに，歌に合っていておもしろかったよ。

そうだね。同じ音のパターンを繰り返しているだけで，メロディーだけのときよりおもしろくなったね。

伴奏になっていた。

※2つのパートを楽器で演奏してみてもよいでしょう。2つのパートは別の楽器にするとよいです。

ビゼー作曲：『アルルの女 第1組曲』より「鐘」のはじめの部分を聴きます。

このように，音のパターンを繰り返してメロディーを支えている曲を聴きます。どんな風に繰り返されているかを考えながら聴きましょう。パターンがわかったら，声でまねしてみましょう。

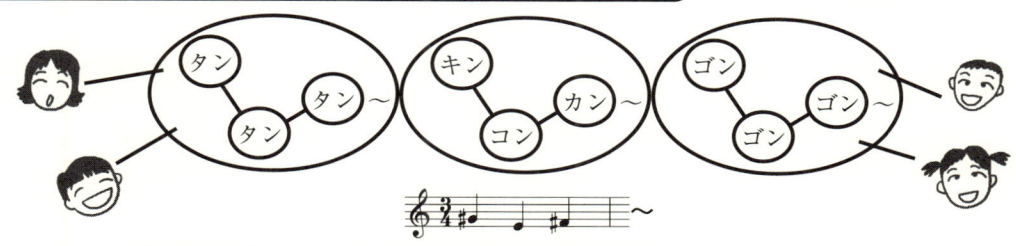

（タン タン タン〜）（キン コン カン〜）（ゴン ゴン ゴン〜）

どんな風に繰り返されているか，わかったようですね。

さっきの「ゴン ゴン ゴン」と同じように，「キン コン カン」が何度も繰り返されてた。

「かねがなる」の時と同じように，メロディーとぴったり合っていたよ。

「鐘」全曲を聴きます。※ここで，作曲者名を教えます。

今度は，最後まで聴きます。キン—コン—カン が聴こえていたら，この音に合わせて，透明な3つの鐘をたたくまねをしましょう。キン—コン—カン が聴こえないところもありますよ。よーく聴いてくださいね。

鑑賞 聴いてみよう！

CD 「鐘」（全曲）

音のパターンが何度も繰り返されていたのがわかりましたか？メロディーも聴こえたかな？

この曲も，同じことを繰り返しているだけなのに，メロディーとぴったり合っていておもしろかった。

「キン コン カン」が途中で聴こえなくなったけど，また聴こえてきたよ。

「キン コン カン」が聴こえるところは，元気な感じがしたよ。

そうですね。音のパターンの繰り返しが，メロディーを支えているんですね。では，最後にもう一度聴いてみましょう。

CD 【参考曲】オルフ作曲：「カルミナ・ブラーナ」
ヨセフ・ウィンナー作曲：「茶色の小びん」

（中島）

> **Dr.ぴ〜る〜のワンポイントアドバイス**
>
> 1曲（または1曲の大部分）のなかで，ず〜っと繰り返される同じ音のパターンを〈オスティナート〉といいます。ジャズでは〈リフ〉と呼ばれています。
> 「かねがなる」では，オスティナート上でメロディーが変化していっても，不思議と音が合っていますね。それは，オスティナートの音が，メロディーに使われる音ととけ合うような単純な音（和音）でつくられているからです。ピアノ伴奏でする〈おじぎの合図〉と同じ和音の動きをします。「鐘」でも，オスティナートが使われています。

主鑑賞曲の解説

木片のための音楽
(1980)
スティーブ・ライヒ
(1936～　)

　ライヒは，ミニマル・ミュージックの代表的な作曲家である。ミニマル・ミュージックとは，短く単純な音型を，ほとんど変化させることなくひたすら繰り返していく音楽で，元々は現代の音楽家たちがアフリカやインドネシアなどアジアの音楽に影響を受けてつくり出した語法であったと言われている。この曲が5つのアフリカン・クラベスで演奏されているところからも，ライヒがアフリカの音楽に影響を受けているところが推察できるだろう。

　奏者1はごく単純なパターンを，奏者2は**譜例1**のような，ライヒが他の曲でも使っている特徴的なパターンを繰り返す。奏者3，4，5が少しずつ間をおいて加わっていくが，彼らはほんの少しずつ音を増やしながら変化していくパターン（**譜例2**）を演奏していく。それらが一体となって，全体としては繰り返しの中で少しずつ色を変えていく，ミニマル・ミュージック特有の音空間をつくり出しているのである。

　ちなみに，**譜例1（奏者2）**と同じパターンを使ったもう1つのライヒの作品が「クラッピング・ミュージック」である。**譜例3**のように，パターンを1つずつずらして演奏していく。

　両方とも演奏は難しいともいえるが，コツをつかむと意外に子どもたちは喜んで演奏する。

譜例1　奏者1／奏者2

譜例2　奏者3

Reich: Music for Pieces of Wood
© 1980, Universal Edition(London)Ltd., London/UE 16219
Reprinted by permission of Universal Edition(London)Ltd., London

譜例3　1／2

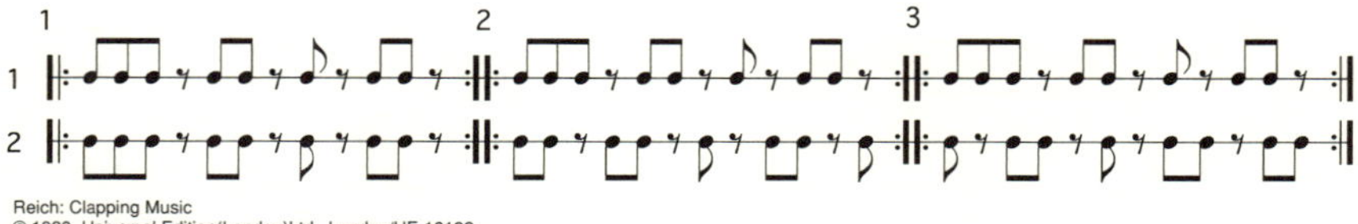

Reich: Clapping Music
© 1980, Universal Edition(London)Ltd., London/UE 16182
Reprinted by permission of Universal Edition(London)Ltd., London

ジェンカ
フィンランドの
ダンス

　ジェンカは，4/4　♩♩♩♪｜♩♩♩♪｜の基本リズムで踊るフィンランドのフォークダンスである。数人が縦1列に並んで，前の人の肩に手をおき，このリズムに合わせてホップとジャンプを繰り返す。まず右・右・左・左とホップしながら逆の足を前に出す。これを繰り返した後，最後に両足をそろえて前・後・前前・前とジャンプし，列が少しずつ前進していく。この曲自体は日本では，昭和30年代に「レッツ・キス」の名で坂本九が歌って大ヒットとなった。

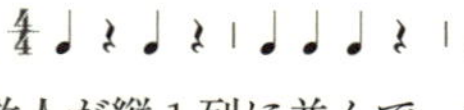

　最近では，これにジャンケンを組み入れて遊ぶバージョンも普及している。最後のジャンプの時に「ジャン・ケン・ポン」と唱え，負けた列は勝った列の後ろにくっついてゲームを続けていくというものである。

ティニックリン
フィリピン民謡

東南アジアには竹でできた楽器がたくさんあり，また〈バンブー・ダンス〉と呼ばれる竹を使った芸能も盛んである。これは長い竹の両端を2人が持ち，規則的なリズムで2本の竹をたたき合わせたり離したりする中を，他のメンバー（踊り手）が2本の竹に足をはさまれないように出たり入ったりするダンスである。ティニックリンは，フィリピンの代表的なバンブー・ダンスで，西洋音楽に影響を受けた3拍子の音楽である。2本の竹は**譜例4**のようなリズムで打ち合わされる。

たとえ竹に足をはさまれても思ったほどには痛くないものである。できれば2メートルくらいの竹をどこかからもらってきて，自分たちでもバンブー・ダンスを楽しみたいものである。

譜例4

仁羽
神田囃子より

神田囃子は，5月12日～15日に行われる神田明神の祭礼で演奏される囃子で，江戸囃子の中では最も古いとされる「葛西囃子」から発展した。「貫井囃子」や千葉県の「佐倉囃子」も同じ系列の囃子である。元は御輿とともに練り歩きながら演奏されたが，今日では囃子は備え付けの屋台で演奏される。大太鼓（おおどう），締太鼓（しらべ），鉦（よすけ），篠笛の編成で，「打込」「屋台」「昇殿」「鎌倉」「四丁目」「玉入」などの曲目の他に，間物として数曲があり，「仁羽」はその1つである。

締太鼓の規則的なパターンの繰り返しの上で，大太鼓が即興の妙味を披露する。締め太鼓のパターンも，「テケテンツク」で始まる口唱歌も，江戸囃子にほぼ共通するものである。

ケチャ
インドネシア，バリ島

インドネシアのバリ島には，村ごとにといってよいほど，歌や踊りのグループがたくさんあり，ガムランと呼ばれる金属打楽器のアンサンブルや，ワヤンと呼ばれる人形劇や仮面劇など，有名な民族芸能が数多く伝承されている。ケチャは，集団舞踊を伴った声の音楽で，バリ島に古くから伝わるサンギャン・ドゥダリとヒンズーの古代説話ラーマーヤナが結びついて，20世紀はじめに完成された芸能である。祭りの夜になると祭祀場に村中の男たちが集まり，放射線状に座る。物語の進行を司るダランの語りにのって，ろうそくの光の中で女はきらびやかな衣装をつけてラーマ王子やシータ姫を演じ踊る。その間，男たちは激しく体をゆさぶりながら，「チャッ・・チャッ・・チャッ・チャッ・・チャッ」と叫ぶが，いくつかのリズム・パターンが組み合わされることによって，全体として「チャッチャッチャッチャッチャッチャッチャッチャッ」と聞こえてくる。

いくつかのパターンが反復されてできていること，しかもそのパターンが〈コテカン〉と呼ばれる入れ子式であること，そして細かいパターンが非常な速さで演奏されることがケチャの特徴であり，それらがあいまって，不思議な陶酔感を生むのである。

※事例に使われている音型は，皆川厚一氏に坪能由紀子が教わったものである。

ケチャのリズム・パターンの例

カノン
(1678～90年頃)
ヨハン・パッヘルベル
(1653～1706)

カノンは，最も厳格な模倣によってできている対位法的楽曲の一種で，先行する楽句を，ある一定の時間的間隔をおいて次の楽句が模倣する形式である。

このカノンは一般的には「パッヘルベルのカノン」として知られているが，正式には「三声部の弦楽器と通奏低音による三声のカノンとジーグ」の前半部分を指している。

まず通奏低音が，2小節のオスティナート主題をゆったりと奏し始める。この主題はとぎれることなく28回繰り返される。その上で，3声部のバイオリンが1声部，また1声部と追いかけながら模倣していく。曲が進むに連れて，最初，4分音符で始まった旋律は次第に細かく分割され，曲は動きを伴って華やかさを増していく **(譜例5)**。

「カノン」の低声部は「翼をください」のサビの部分や「いつも何度でも」（アニメ『千と千尋の神隠し』の主題歌）など数多くの音楽に転用されている。

譜例5

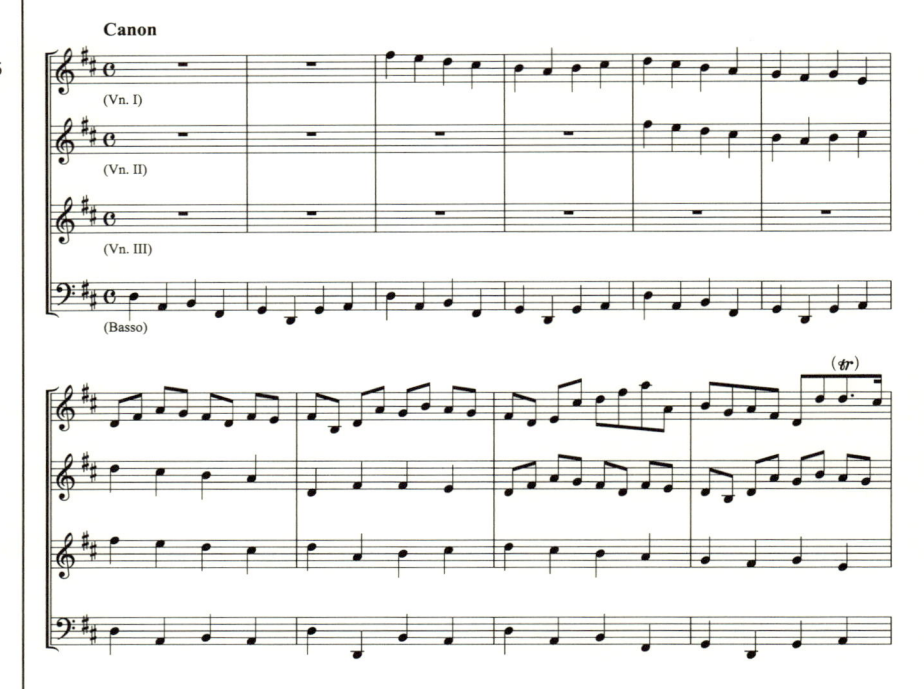

古ざらし
(1700年代末)
深草検校

さらしとは，布を水で洗って日にさらすことで，麻や木綿の反物を川で晒し，岸辺でさらす作業のことをいい，古くは万葉集にもその情景が歌われていた。中世になると，京都付近の宇治川槇の島の布晒しが有名になる。こうしたさらしの情景を歌ったのが，地歌の「さらし」である。

北沢勾当が1703年につくったとされる「晒」が最も古いが，1700年代末に深草検校によって改編されたものが，現在残されている「古ざらし」である。

その後，箏曲の流派の1つである生田流では「早ざらし」や「さらし風手事」（宮城道雄作曲）が，山田流では「新ざらし」や「さらし幻想曲」（中能島欣一作曲）がさらしをもとにした作品としてつくられている。

さらに，さらしのいくつかの音型は，他の曲や種目にも取り入れられていく。「名所土産」（地歌），「六玉川」（山田流箏曲，清元），「越後獅子」（長唄），「晒女」（長唄），「多摩川」（長唄）などである。

4音でできた〈おくり地〉**(譜例6)** は，さらしの中でも最もポピュラーなパターンで

あり，箏がこのパターンを繰り返す中，三味線（またはもう1つの箏）が，装飾的で技巧的な音型を繰り広げていく。

譜例6

鐘
（『アルルの女第1組曲』より，1872）
ジョルジュ・ビゼー
（1838〜1875）

　ビゼーがフランスの文豪ドーデーの戯曲『アルルの女』の劇中音楽として作曲したものの中から，4曲を選び，ビゼー自身が管弦楽用に編曲したのが『アルルの女　第1組曲』である。

　「鐘」はその第4曲で，曲の最初の部分では，鐘の音を模した音型（**譜例7**）が，ホルンに始まりさまざまな楽器に受け渡されながら繰り返されていく。その3音でできた単純な音型が途切れることなく繰り返されるのが，この曲の最大の特徴である。

　優美で美しい旋律が特徴的な中間部を経て，鐘の音は再びゆっくりと静かに戻ってくる。やがて鐘の音は繰り返されながら次第に音量を増し，クライマックスを形づくっていく。

（坪能由）

譜例7　Allegretto
ff
（Hr., Hrp., Vn. II, Va.）
繰り返す

実践者3人は語る

——〈繰り返し〉というテーマで鑑賞の授業をしてみましたが，どんな印象でしたか？

中島：実は，僕は同じ曲を1年生から6年生まで全部の学年で聴かせてみたんです。『アルルの女』にある「鐘」です。すると面白い現象が起こってね…。低学年で聴かせても，伴奏にある鐘の音型の繰り返しがちゃんとわかるんですね。しかもその繰り返しを発見すること自体にとても面白さを感じているのです。でも6年生になると，繰り返しがあることをよく理解するんですけれども，それだけではものたりなくなってきます。つまり，今回の実践を通して，この曲を「繰り返し」というねらいで聴かせるには，低学年に適しているということが言えるんじゃないかと思います。もちろん，同じ曲で〈旋律〉や〈曲想の変化〉など，ねらいをステップアップさせていくことでいろいろと楽しめます。

髙倉：うん，確かに低学年は繰り返しを楽しんで聴いていたように思います。〈何かを繰り返す〉ということに，年齢の低い子どもはとても安心感を得るということは言えませんかね？　例えば昔話とか絵本にも繰り返しはたくさん出てくるじゃないですか？『大きなかぶ』だってそうです。〈次にはこうなるぞ〉って次を予想することを面白がる。音楽も〈次にまた…〉と期待しながら聴いているのかもしれませんね，子どもは。音楽にもお話にも共通して繰り返しがあるっていうのは，私はとても興味深く感じます。

熊木：そうですね。でも，もっと面白いのは，『大きなかぶ』もそうですけど，単に同じことの繰り返しではないということです。最初はおじいさんだけがかぶを引っ張るんだけど，次にはおばあさん，次は…という具合に少しずつ変化が加わっていますよね。音楽鑑賞も似たようなところがあるのではないでしょうか。子どもたちは，音楽にある何かの繰り返しを楽しんで聴きますが，〈いつか何か変化が起きるんじゃない

か？〉って期待しているようにも思えますね。
　それから，さっきの中島先生の話に戻りますが，高学年になると繰り返しがわかることは簡単で，繰り返しがちょっと変化したりすることも聴けたり，曲の中における繰り返しの意味もわかったりするんじゃないかしら…。
中島：その通りだと思います。
髙倉：なるほど…。音楽鑑賞を通して音楽の〈何かがわかる〉ということは大切なことなんですね。
中島：そう，鑑賞を通して〈何かがわかる〉ことで，その曲が面白く聴けるということだと思います。
熊木：その〈何か〉についてですけど，〈繰り返し〉は子どもにとってわかりやすい音楽の仕組みと言えそうですね。同じことを繰り返す…，そして同じところから少しずつ外れていくことで変化が生まれる…，このことは創造的な活動に発展させられるこつですよね。

第2節 形式としての繰り返し

　美しいメロディーが自在にどこまでも紡がれていく…そう感じることがあります。しかし，そんなメロディーも意外にシンプルにできているのです。1つのことを伝えながら，それを繰り返しているのですが，同じことを言われては飽きてしまいます。それでもう1つ別の角度から少し変えて表現をしてみます。でも別角度からばかり言っていると，元の意見が何だったかを見失います。外出して自宅に帰るように，元の話に戻ることが大切です。それが交互に繰り返されると〈カタチ〉になります。自宅からさまざまな外の世界を見聞できるのと同じように，音楽も自分の家と外の世界を行き来することによって，安心したカタチとなります。

〔Dr.ひ～ろ～〕

A-B-A形式
──いっては戻る，音楽の形

対　象●中学年以上
ねらい●音楽におけるA-B-A形式を聴き取ります

子どもたちの知っている音楽から〈A-B-A形式〉を見つけます。

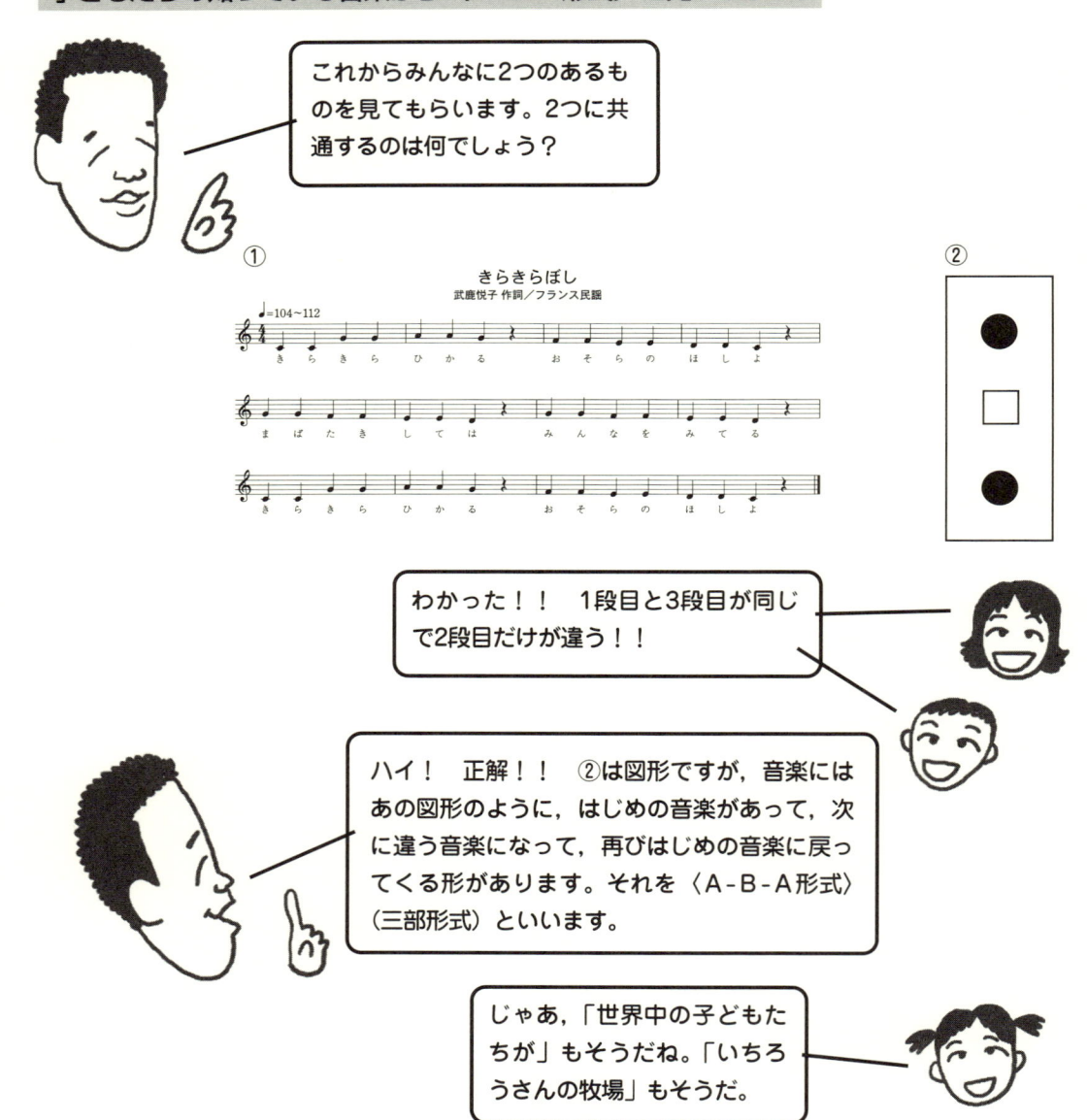

先生：これからみんなに2つのあるものを見てもらいます。2つに共通するのは何でしょう？

① きらきらぼし　武鹿悦子 作詞／フランス民謡
♩=104〜112
きらきら ひかる おそらの ほしよ
まばたき しては みんなを みてる
きらきら ひかる おそらの ほしよ

② ●　□　●

女の子：わかった！！　1段目と3段目が同じで2段目だけが違う！！

先生：ハイ！　正解！！　②は図形ですが，音楽にはあの図形のように，はじめの音楽があって，次に違う音楽になって，再びはじめの音楽に戻ってくる形があります。それを〈A-B-A形式〉（三部形式）といいます。

女の子：じゃあ，「世界中の子どもたちが」もそうだね。「いちろうさんの牧場」もそうだ。

クラシック音楽を聴きＡ-Ｂ-Ａ形式を聴き取ります。

これからＡ-Ｂ-Ａ形式の曲を聴きます。まずＡの部分だけを聴きましょう。どんな感じがする音楽かな？

鑑 賞 聴いてみよう！

CD ビゼー作曲『アルルの女』第2組曲より「メヌエット」
（冒頭Ａ部）

なめらかな感じがするね。

やさしい感じもする。

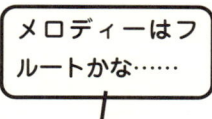

メロディーはフルートかな……

いろいろな感想や意見が出てきましたね。Ａの部分はこのような音楽でした。では，次は曲の全体，はじめから終りまで聴いてみましょう。どんなふうに変化しているかな？

鑑 賞 聴いてみよう！

CD ビゼー作曲『アルルの女』第2組曲より「メヌエット」（全曲）

途中に力強い部分が出てきたよ。

やっぱり最後はＡの部分が戻ってきたね。

でも最初のＡとはちょっと違ったなあ。

よく聴き取りましたね。Ａ-Ｂ-Ａ形式といっても，はじめのＡとあとのＡでは，ちょっと違う感じになっていることが多いのです。Ａ-Ｂ-Ａ形式の音楽はたくさんありますから，聴き比べるのも楽しいですね。

［参考曲］ CD ハチャトゥリャン作曲：『ガイーヌ』より　「剣の舞」

（髙倉）

ロンド形式

対　象●中学年以上
ねらい●同じメロディー（リズム）が異なるメロディー（リズム）を挟んで何度も繰り返されている面白さを感じ聴き取ります

手拍子のリズムでロンド形式をつくってロンド形式を体験します。

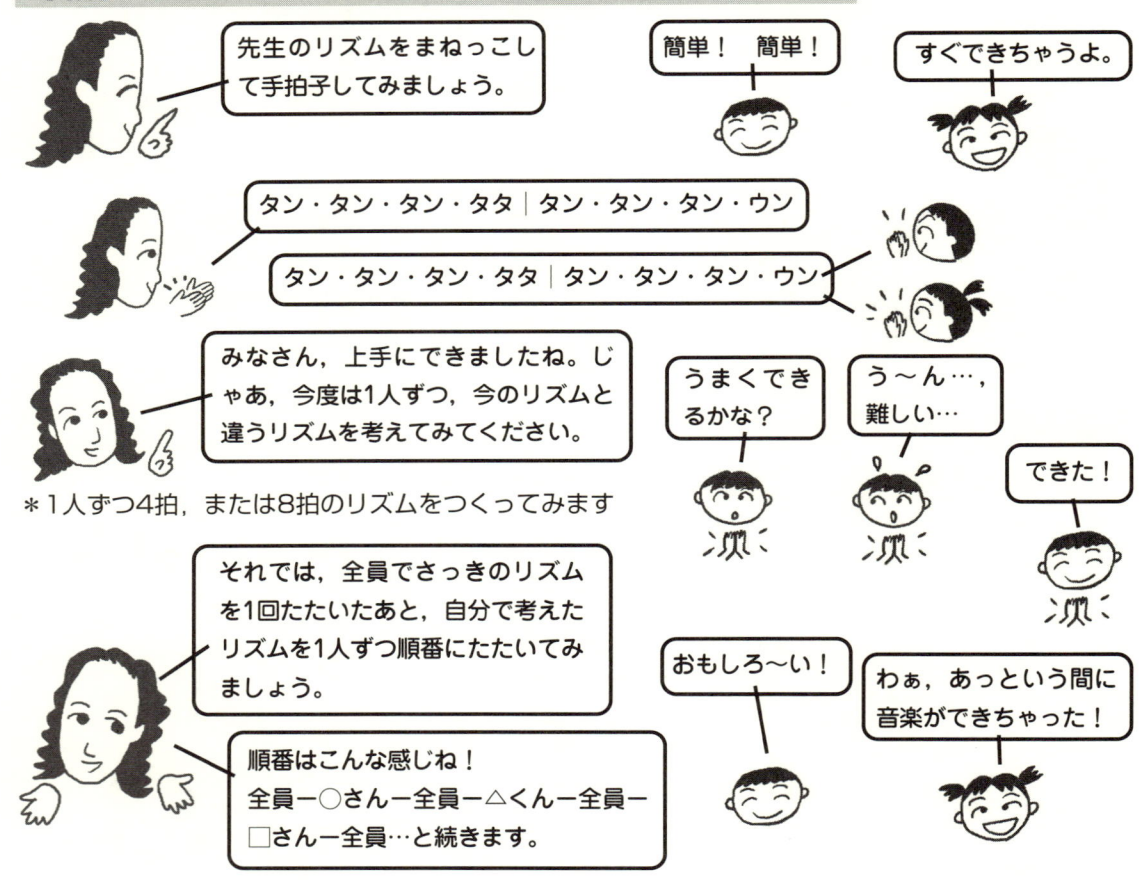

先生のリズムをまねっこして手拍子してみましょう。

簡単！　簡単！

すぐできちゃうよ。

タン・タン・タン・タタ｜タン・タン・タン・ウン

タン・タン・タン・タタ｜タン・タン・タン・ウン

みなさん，上手にできましたね。じゃあ，今度は1人ずつ，今のリズムと違うリズムを考えてみてください。

うまくできるかな？

う〜ん…，難しい…

できた！

＊1人ずつ4拍，または8拍のリズムをつくってみます

それでは，全員でさっきのリズムを1回たたいたあと，自分で考えたリズムを1人ずつ順番にたたいてみましょう。

おもしろ〜い！

わぁ，あっという間に音楽ができちゃった！

順番はこんな感じね！
全員ー○さんー全員ー△くんー全員ー□さんー全員…と続きます。

J.S.バッハ作曲「ガボット・アン・ロンドー」を聴いてロンド形式を聴き取ります。

では，今みんなでやってみた音楽と同じ仕組みでできている音楽を聴いてみましょう。まずは，基本のメロディーを聴いてください。

は〜い。

鑑賞　聴いてみよう！

🅲🅳 J.S.バッハ作曲：『無伴奏バイオリン・パルティータ』第3番から「ガボット・アン・ロンドー」

> 今度は，全部通して聴いてみます。今と同じメロディーが聞こえたら，手を上げてください。先生は皆さんが手を上げてくれたときに，黒板に赤いカードを並べてみますね。

> え～っと…

> ここかな？

黒板

> 何回も同じメロディーが出てきたよ。

> 皆さんよくわかりましたね。では，赤いカードと次にくる赤いカードの間は同じだったかな？今度は赤いカードの間のメロディーもよく聴いてみんなもカードを並べてみましょう。

黒板

赤　黄　赤　青　赤　緑　赤　紫　赤　など

> 赤－黄－赤－青－赤…あっ！赤いカードでサンドイッチしてる～

> 本当だ！

> うまく並べられたかな？ 同じメロディーが違うメロディーを挟んで何度も繰り返していることが聴き取れたかな？

別の曲でもロンド形式を聴き取ります。

> それでは，同じような仕組みでできている曲をもう1つ聴いてみましょう。

鑑賞　聴いてみよう！

🅲🅳 ベートーベン作曲：「エリーゼのために」

[参考曲] 🅲🅳 ポーランド民謡「クラリネット・ポルカ」や，シンシュタイン作曲「ロック・トラップ」などもロンド形式に気づきやすい曲だと思います。
　また，モーツァルト作曲「トルコ行進曲」は，少し変則的なロンド形式ですが，一般的なロンド形式と聴き比べても面白いかもしれません。

(駒)

主鑑賞曲の解説

メヌエット
(『アルルの女 第2組曲』より，1876？)
ジョルジュ・ビゼー
(1838～1875)

作曲者のビゼーが亡くなった後，友人のギローが劇中音楽『アルルの女』から，4曲を選んで編んだのが，『アルルの女 第2組曲』である。

その第3曲に入っている「メヌエット」は元の劇中音楽『アルルの女』からではなく，ビゼーの歌劇『美しきペルトの娘』から取ったものである。

A-B-Aの形式でできた典型的な作品の1つである。

最初のAの部分は，ハープの伴奏の上でフルートが美しい有名なメロディー（**譜例1**）を奏でる。最初のメロディーが装飾を付けて繰り返された後，もう1つのメロディーに移り，この第2のメロディーも華麗に装飾されていく。

譜例1　〔Andantino quasi Allegretto の楽譜〕

オーケストラを中心としたBの部分を経て再びAに戻り，**譜例1**がフルートで奏されるが，そこでは第2の楽器となるアルト・サクソフォーン（ファゴットも）が美しいオブリガートや合いの手を入れながら，フルートにからんでいく。最後には元のシンプルなフルートとハープの音楽へと戻って，曲は静かに終わる。

譜例のメロディーが最初のAの部分でも，既に装飾されて変化を加えられていること，そして，再びAにもどった時には，今度は違った手法（他のメロディー楽器を加える）で変化させられていることに注目して聴いてみていただきたい。ビゼーの旋律作法と，それを変化させていく手腕の見事さが，よく分かると思う。

ガボット・アン・ロンドー
(『無伴奏バイオリンのためのパルティータ』第3番ホ長調 BWV1006より)
ヨハン・セバスチャン・バッハ
(1685～1750)

題名通り，ロンド形式のガボットで，親しみやすいガボット舞曲の主題（**譜例2**）がエピソードをはさんで何度も繰り返されていく。全体としては，A-B-A-C-A-D-A-E-Aの形で，多くの古典派以降のロンドがA-B-A-C-A-B-Aのようにシンメトリーな形式になっているのに対し，次々と新しいエピソードが導入される形のロンドである。

ガボットはブルターニュ地方のダンスで，バロック時代に組曲などに取り入れられて，単純ながら優雅な雰囲気を持つ舞曲として普及した。2分の2拍子で，2拍目から始まるという特徴を持つ。舞曲であるためホモフォニックな構造を持ち，また民俗的な舞踊の田園的な雰囲気を出すために，ドローンの伴奏がつくこともある。形式的には二部形式，またはロンド形式であることが多い。

譜例2　〔Gavotte en Rondeau の楽譜〕

エリーゼのために
(1810)
ルードビッヒ・ファン・ベートーベン
(1770～1827)

ベートーベンをめぐる女性の1人，テレーゼ・マルファッティのために作曲されたといわれているが，真相は不明である。

典型的なA-B-A-C-A-B-Aのロンド形式で書かれている。「ミ♯レ｜ミ♯レミシレド｜ラ」の有名な旋律が，エピソードをはさんで何度も出てくる。ロンドの場合，Aにあたる部分は転調することがないのが特徴である。この曲の場合も必ず「ミ♯レ｜ミ♯レミシレド｜ラ」と出てくるのであって，「ラ♯ソ｜ラ♯ソラミソファ｜レ」となることは決してない。

（坪能由）

第3節
変奏曲と音楽の変化

　変奏曲の面白さは〈変装〉だからです。1人が，メイクを替え，服を替え，声を変え，仕草まで工夫して，何人にも変装します。でも元の人は1人で，同じです。ちょっとヒゲを付けると，もう見破られない人もいれば，すぐに誰が変装したか分かる人もいます…，音楽で変奏する時，多くは最初に正体（テーマ）を見せます。そのテーマを次々に変えていきます。衣装を替え，歌い方を変えていきます…，〈装飾〉していくわけです。元がバレないように，いろいろな手を駆使したりします。どんな手で姿を変えていくのか，名探偵になって見破ってみましょう。

（Dr.ひ〜ろ〜）

旋律を変奏している

対　象●高学年以上
ねらい●テーマがどのように変奏されているかを聴きとります

何の曲がテーマになっているかを見つけます。

今から聴く曲は，みんなのよく知っている曲がもとになっています。さあ，それは何の曲でしょう。

え〜と

鑑賞 聴いてみよう！

💿 モーツァルト作曲：「キラキラ星変奏曲」

変奏Ⅰのみ鑑賞

では，これならどう？

変奏Ⅱのみ鑑賞

あっ！

「キラキラ星」だ！

そうです。この曲は「キラキラ星」をもとにして，少しずつ変えている曲なのです。

どのように元のメロディーを変えているのか，聴き取ります。

では，もう1つ。この曲は，「キラキラ星」をどのように変えているのかな？

変奏Ⅷのみ鑑賞

- なんだか、さびしい感じになったよ。
- なんだか、追いかけているところがあるよ。
- ちょっと遅くなったみたい。音も弱くなったし。
- そうです。実は、この曲では短調に変わっているんです。もちろん、強弱やリズムも変わっています。いろいろな変え方がありますね。

「キラキラ星」のリズムを変えて、変奏曲をつくります。

- さあ！ ではみなさんも「キラキラ星」の変奏曲をつくってみましょう。まず、リコーダーで「キラキラ星」を吹いてみます。

ヘ長調で

- これを♪♫ ♫♪のリズムで吹いてみましょう。

- このように、自分で決めたリズムに変えて吹く練習をしましょう。できた人は発表してね。

- できた！ 私は♫ ♩のリズムにしてみたわ。

他の変奏曲を聴いてみます。

- もう1曲、変奏曲を聴きましょう。さあ、これは何の曲を変奏しているのかな？

鑑賞 聴いてみよう！

CD 宮城道雄作曲:「さくら変奏曲」

- 「さくらさくら」だー
- これはすぐわかった。

[参考曲] CD ブラームス作曲:「パガニーニの主題による変奏曲」

(熊木)

旋律は同じ，でも…

対　象●中学年以上
ねらい●繰り返しの仕方の工夫を考えながら聴きます

リコーダーで「メリーさんのひつじ」を演奏できるようにします。

「メリーさんのひつじ」をリコーダーで吹いてみましょう。

3年生で習ったから，すぐ吹けたよ。

メリーさんのひつじ

「メリーさんのひつじ」を10回繰り返して演奏します。

しっかり吹けましたね。今度は，この曲を続けて10回演奏してみましょう。

そうです。全員で演奏してもよいけれど，お客さんもつくりましょう。

後で，演奏した人とお客さんに感想を聞きますよ。

10回も演奏するの？

えー！！　そんなに！！

お客さんは聴いていればいいの？

感想を聞きます。

お客さん。感想をお願いします。

演奏していた人は，どうだったかな？

お客さんも，演奏した人もあきちゃったみたいですね。

どうしたら，10回繰り返してもあきないようになると思いますか？

上手だったけれど，10回も同じメロディーを繰り返していて，あきちゃいました。

演奏していても，あきてきちゃった。

そうそう！！　10回とも同じだから，あきちゃった。

ラベル作曲「ボレロ」のはじめの部分を聴きます。

- 同じメロディーを，何度も繰り返すだけで15分以上も続く名曲があります。そんなに繰り返してもあきない工夫があるからなんです。
- どんな工夫がされているのか考えながら聴いてみましょう。
- どんなメロディーが繰り返されているのか，まずは，はじめの部分を聴きましょう。

- へぇー。同じメロディーを15分も繰り返すんだ！！
- どうしてだろう？
- 名曲なんだ！！

鑑賞 聴いてみよう！
　　CD　ラベル作曲：「ボレロ」(テーマが1回終わるところまで)

「ボレロ」全曲を通して聴きます。

- どんなメロディーか，わかりましたか？
- では，全部通して聴きますよ。〈繰り返しの仕方〉にどんな工夫がされているか，考えながら聴きましょう。

鑑賞 聴いてみよう！
　　CD　ラベル作曲：「ボレロ」全曲

- どうでしたか？　どんな工夫に気がつきましたか？
- 小さい音で始まって，繰り返すごとに，大きな音になっていった。
- 演奏する楽器が，かわっていったみたい。
- だんだん，大きくなっていったんだ。楽器も変わっていたのを，よく気がついたね。増えたのも，よく気がついたね。
- 演奏する楽器の数が増えていった。
- 工夫すれば，メロディーを何度繰り返しても，あきないんだね。
- 今日，聴いたのは，ラベルの作曲した「ボレロ」という曲でした。

[参考曲]　CD　ビゼー作曲：『アルルの女 第1組曲』より「前奏曲」
　　　　　　　ムソルグスキー作曲，ラベル編曲：『展覧会の絵』より「プロムナード」
　　　　　　　ブリテン作曲：「青少年のための管弦楽入門」

(中島)

モチーフの拡大・縮小

対　象●中学年
ねらい●モチーフを伸ばしたり（拡大）縮めたり（縮小）している音楽の面白さを感じ取ります

歌のなかにあるモティーフの拡大を感じ取ります。

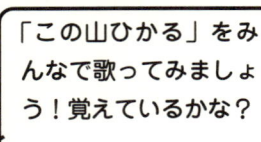

「この山ひかる」をみんなで歌ってみましょう！覚えているかな？

♪どーこーまーでも　はーれーてー　ホーラーヒーホーラーホー　いーいーひーだね　きょうーはー　ホーラーヒー　ヤッーホー

♪このやまひかる　ホラヒ　ホラホ　あのやまわらう　ホラヒ　ヤッホ

この曲には、「ホラヒホラホ」というかけ声が何回かでてくるけど、それはみんな同じだった？それとも違っていた？

そういえば、さいしょはホラヒホラホっていそがしかったよ。

さいごのほうは、ホーラーヒーって長く歌ったよ。

そうです。ホラヒホラホが〈ふつう〉だとしたらホーラーヒーホーラーホーは〈伸びる〉ですね。

もしかして、ホラヒヤッホーもそうなのかな？

よく気がつきました。ホラヒヤッホーも同じように、ホーラーヒーヤッーホーと伸びていましたね。じゃぁ、逆に〈縮む〉にしたらどうなるかな？

ちぢむってどうやるの？

3つに分かれて、伸ばしたり（拡大）縮めたり（縮小）して合わせて歌ってみます。

では、〈ふつう〉グループと〈伸びる〉グループに分かれて合わせて歌ってみましょう。

私たち、〈ふつう〉グループね。♪ホラヒ〜ホラホ〜

先生は1人で〈縮む〉グループね。みんなと一緒に歌ってみるよ。♪ホラヒホラホ

ぼくたちはえっと、〈伸びる〉グループだから…♪ホーラーヒーホーラーホー

板書するとこんな感じ…

ちぢむ	ホラヒ		
ふつう	ホ ラ	ヒ ー	
のびる	ホ ー ラ ー	ヒ ー	ヒ ー

＊楽譜は提示しません。

> あっ，本当だ。先生のは速くていそがしい〜でも，おもしろい！ あれ？ でも，どこかでこんな風にはやく歌ったことあるかも〜

> わかった〜ドレミの歌にあるよ

> そうです。よく気がつきましたね。「ドレミの歌」には，実は〈ふつう〉と〈縮む〉が入っているのですよ。

『サウンド・オブ・ミュージック』より「ドレミの歌」を聴きます。

> 「ドレミの歌」を聴いてみましょう。輪ゴムを配ります。〈伸びる〉かな？〈縮む〉かな？その部分がわかったら，輪ゴムを伸ばしたり，縮めたりして確かめてください。

鑑賞 聴いてみよう！

CD　R.ロジャーズ作曲：『サウンド・オブ・ミュージック』より「ドレミの歌」

Do-Re-Mi
Lyrics by Oscar Hammerstein II
Music by Richard Rodgers
Copyright C 1959 by Richard Rodgers and Oscar Hammerstein II
Copyright Renewed
WILLIAMSON MUSIC owner of publication and allied rights throughout the world
International Copyright Secured All Rights Reserved

＊楽譜は提示しません。
＊プロコフィエフ作曲『ピーターと狼』を発展として聴いてもよいと思います。

[参考曲]　CD　計良容子他作曲：「子どものためのルールによる音楽」
　　　　　　　ブリテン作曲：『青少年のための管弦楽入門』より「パーセルの主題による変奏曲とフーガ」
　　　　　　　ムソルグスキー作曲：『展覧会の絵』より「キエフの大門」

(駒)

主鑑賞曲の解説

キラキラ星変奏曲
(1778)
ウォルフガンク・アマデウス・モーツァルト（1756～1791）

原題は「フランスの歌『ああ，お母さん，あなたに申しましょう』による12の変奏曲」。テーマは日本では「キラキラ星」として有名だが，元は若い娘が恋人のことを母に打ち明けようとするシャンソンであった。モーツァルトがこの変奏曲を作曲した後，イギリスで「Twinkle, twinkle, little star」の歌詞で歌われるようになり，『マザー・グース』の中にも入っている。

この時代の変奏曲は，テーマのメロディーを装飾していく形が取られている。つまり変奏の妙味は調を変えたり，リズムを変えたりなどして表現することにあった。だから各変奏を聴きながら，テーマを思い浮かべて歌うことが可能なのである。

主題	2/4，ハ長調	
第1変奏		右手が16分音符
第2変奏		今度は左手が16分音符
第3変奏		右手が3連符のアルペッジョ
第4変奏		左手の10度の跳躍
第5変奏		静かさの中，右手と左手の対話
第6変奏		速いパッセージが最初は左手に，後半は右手に
第7変奏		華やかな音階の中，右手オクターブの音階が壮大さを
第8変奏	ハ短調	テンポもゆっくりと
第9変奏	ハ長調	ハ長調に戻り，軽快な感じに。右手と左手のおっかけっこ
第10変奏		手の交差
第11変奏	アダージョ	最終変奏前のゆっくりした部分（アダージョ）
第12変奏	3/4拍子	3拍子に。左手の速いパッセージで始まり，最後はクレシェンドして盛り上がって終わる

さくら変奏曲
(1923)
宮城道雄（1894～1956）

この曲は従来の三曲合奏とは異なって，第一箏，第二箏に加えて宮城が創作した低音域の十七絃が使われている。

伝統的な箏曲にはなかった変奏曲の形式が取り入れられ，日本古謡「さくらさくら」を主題とした7つの変奏曲でできている。3面の箏が各変奏で代わる代わる主旋律を受け持ちながら，すくい爪などの伝統的な奏法に加えて，トレモロ奏法，和音奏，アルペッジョなどの新しい奏法を繰り広げ，途中で拍子やテンポを変えるなどの変化に富んだ曲となっている。同じ旋律上で，音楽を特徴付けているどんな要素が主に使われているのかを聴き取るには，絶好の曲であるといえるだろう。

	主旋律	箏の奏法や特徴など
主題	3つの箏	はじき
変奏1	3つの箏	3つの箏がほとんど同じ旋律
変奏2	第二箏	すくい爪
変奏3	第二箏	細かい音の動き，スタッカート
変奏4	十七絃	トレモロ，アルペッジョ
変奏5	第二箏	左手の和音，3拍子
変奏6	第一箏	ゆっくり，トレモロ，不協和音
変奏7	第一箏	速い

ボレロ
(1928)
モーリス・ラベル
(1875〜1937)

元々は1幕のバレエ音楽として作曲された。スネア・ドラムが低弦のピチカートにのり，スペインの民族舞踊「ボレロ」に基づいたリズム主題を始める（**譜例1**）。このリズム主題は，340小節でできているこの曲で，実に169回繰り返されていく。

譜例1

このリズム主題が2回繰り返された後，**譜例2**の旋律主題Aが始まり，繰り返される。次に**譜例3**の2つ目の旋律主題Bへと移る。この2つの旋律主題を2回ずつ繰り返しながら（つまりA-A-B-Bという形で），***pp***（ピアニッシモ）から始まり，楽器を変えながら，次第に音量を増して最後の***ff***（フォルティッシモ）に突入するという手法のみでこの曲はつくられている。最後の転調部分を除いて一切の展開や変化，変奏をしないという，まさに繰り返しだけの音楽の極致をオーケストラで繰り広げた作品である。その色彩感あふれるオーケストレーションは，ラベルの真骨頂であるともいえるだろう。

譜例2　主題A

譜例3　主題B

主題Aの1回目はフルート，2回目はクラリネット，Bの1回目はファゴット，2回目はクラリネット，というふうに最初は1つの楽器だけで***pp***で始められた曲に，次第に他の楽器が加わっていく。7周期目になってようやくバイオリンが入るが，このあたりから曲は次第にクライマックスにのぼりつめていく。

ドレミの歌
(ミュージカル『サウンド・オブ・ミュージック』より，1959)
オスカー・ハマースタイン2世(1895〜1960)作詞，リチャード・ロジャーズ(1902〜1979)作曲

『サウンド・オブ・ミュージック』は，1930年代のザルツブルクを舞台に，『トラップ・ファミリー物語』の前編（オーストリア編）をもとにつくられたミュージカルである。1959年にブロードウェイで初演され，1965年には，ジュリー・アンドリュース主演で映画化されて，世界中に広まった。

「ドレミの歌」は，歌を知らないというトラップ家の子どもたちに，家庭教師のマリアがギターを膝に歌を教えるシーンで歌われる。アルプスの高原をバックに，最初はおどおどと「ドレミ」を歌っていた子どもたちが，次第に声高らかに，合唱を繰り広げていく。

「ドはドーナツのド」から始まり，「シはしあわせよ」「さあ，歌いましょう！」とドレミを1音ずつ順に取り入れたメロディーは，あまりにも有名。

その後，歌詞はなく，〈ドレミ〉の階名だけで歌われる部分が続く。音階を歌った後，最初に現れるのが**譜例4**である。

譜例4

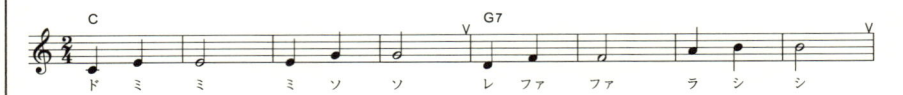

次に主旋律（**譜例5**）。

譜例5

そして主旋律を飾るオブリガート（**譜例6**）。

譜例6

Do-Re-Mi
Lyrics by Oscar Hammerstein II
Music by Richard Rodgers
Copyright C 1959 by Richard Rodgers and Oscar Hammerstein II
Copyright Renewed
WILLIAMSON MUSIC owner of publication and allied rights throughout the world
International Copyright Secured All Rights Reserved

面白いのは，**譜例4**に対して**譜例6**が，ちょうど半分の長さになっていることだろう。言葉を変えれば，この部分は音楽における拡大と縮小の典型的な例だということができるだろう。

（坪能由）

第3章

「音楽の縦と横の関係」から聴きなおす

　音の重なり，という縦の関係だけではなく，それが時間に沿ってどんなふうに流れていくかを横と考えると，音楽全体を俯瞰的にとらえながら聴くことができるようになります。
　たとえば，
①音楽を支えているパート（持続するドローンやバスの動き）
②反復的なパート
③メロディーのように次々と展開していくパート
④装飾的なパート（合いの手，ズレ，副次的な旋律）
　といったとらえ方です。

（坪能由）

第1節
ドローン

　ドローンとは，楽曲の中で一定の高さの音をずっと伸ばしているパートを指します。多くの場合メロディーなどより下に位置するので，持続低音と呼ばれることがあります。一見，ドローンってあまり聴いたことがないと思われるかもしれませんが，でも世界各地にあるのです。そのいちばん代表的なのがインドの音楽。そのドローンを聴くだけで〈ああ，インドの音楽だ！〉と分かる特徴的なものです。西洋では古い12世紀頃の音楽（アルス・アンティクァ）や，各地の民俗的な音楽にドローンが出てきます。そして古い感じや，民俗的な感じを醸し出したい時にもドローンが使われるのです。日本の音楽にもドローンに近い音が使われている曲や曲種があります。

　ドローンに気を付けて聴くこと，それはさまざまな音楽で，他のパートを支えているパートに気を付けて聴くという姿勢につながります。

（坪能由）

ヨーロッパの古い音楽におけるドローン

対　象●中学年以上
ねらい●ドローン（持続する音）が音楽全体を支えていることを感じ聴き取ります

持続する音，ドローンを手で表して特徴をつかみます。

「今から聴く曲の旋律を手で表してみましょう。」

「はーい。」

鑑賞 聴いてみよう！
CD　イギリス民謡：「アメイジング・グレイス」（バグパイプ）

「オルガンみたいな音が聞こえたよ。」

「そう，上手にできました。でも旋律のほかに音はなかったかな？」

「なんかずっと同じ音もあったよ。」

「1つの楽器じゃないの？」

「そうですね。ずっと同じ音が伸びていることによく気付きましたね。」

「この曲は，バグパイプという楽器で演奏していて，1人でメロディーを演奏しながら，ある音も一緒にずーっと伸ばすことができる楽器なのですよ。」

「おもしろ～い。でもどうしてずっと同じ音を伸ばしているの？」

「それはね，ずっと同じ音を伸ばすことで，音楽全体を支えている，縁の下の力持ちなのですよ。」

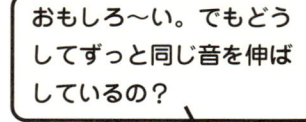

「へぇ～そうなんだ。」

「もう一度聴いてみましょう。今度はずっと伸びている音を手で表してみましょう。」

「はーい。」

自分たちもドローンをつくって試してみます。

「「蛍の光」も同じように演奏することができます。まずは，旋律だけ弾いてみましょう。」

＊鍵盤ハーモニカを使用

「今度は，ファの音をずっと鳴らすパートをつけてみましょう。旋律だけのときとどのように変わるかな？」

例えばこんな感じ…

> すごい，簡単にできちゃった。

> 同じ音を繰り返しているだけだけど，なんか落ち着いて聞こえたよ。

> そうですね。簡単にできちゃったけど，でも同じ音がずっとあることで，落ち着いて聞こえましたね。これも，音楽を支えているからなのですね。

同じように音が続くドローンの曲を聴きます。

> ずっと続く音があることによって，音楽を支えていることがわかりましたね。それでは，もう1つ同じように音が続く曲を聴いてみましょう。

鑑 賞 聴いてみよう！

　CD　ラモー作曲：「タンブーラン」

> 本当だ。この曲にもずっと同じ音があるよ。

> ぼくたちがやってみたのと同じように続いてる。

> でも，私たちはファの音だけだったけど，この曲は音が重なっているのかな？

> そうです。みんながやってみたのと同じようにずっと続く音がありますね。でも，ずっと続く音は1つの音だけじゃなくて，2つや3つになることもあるのですよ。
> 持続する音にも色々あることがわかりましたね。

[参考曲]　CD　グリーグ作曲：「ハリング」（ノルウェーの踊り）
　　　　　　　バルトーク作曲：『ハンガリー農民の歌』より　第9曲
　　　　　　　ムソルグスキー作曲：『展覧会の絵』より「古城」
　　　　　　　ベリオ作曲：『フォークソングス』より「悲しみの歌」

（味府・駒）

第3章●「音楽の縦と横の関係」から聴きなおす●75

西洋の音楽における点描的なドローン

対　象●高学年
ねらい●音楽を支えている点描的なドローンを感じ聴き取ります

点描的なドローンの特徴を聴き取ります。

今日はピアノの曲を聴きます。このピアノ曲には何かをずっと表している部分があって，それが特徴的な表現となっているのだけれど，どんな表現になっているか，聴き終わったら気付いたことを発表してください。

は〜い。

鑑賞 聴いてみよう！
CD　ショパン作曲：前奏曲『雨だれ』

最初は静かだったから，よく聞こえなかったけど，だんだん盛り上がったみたい。

そうですね。最初は小さい音だったけど，だんだん盛り上がりましたね。

なんだかずっとトントントントン…って音が続いていた。これなんだろう？

では，小さい音から盛り上がるまでの間，同じようなところがあったけど，何か気付いた人いたかな？

途中はよく聞こえなかったけど，盛り上がるところは同じ音が繰り返し聞こえたよ。

そうですね。トントントン…と同じ音が続いていましたね。

以前に聴いたことのある，同じ音が続くドローンの曲と比較してみます。

前に，同じ音がずっと続く曲を聴いたことがあったけど，覚えていますか？

う〜ん…あっ，思いだした！「蛍の光」にみんなでファの音つけたとき？

＊場合によっては，もう一度「タンブーラン」や「アメイジング・グレイス」を聴いてみます。

そうです。あのときは同じ音が長く，ずっと続いていましたね。この曲は同じ音が続いているけれど，トントントン…とリズムがありますね。これも音楽を支える縁の下の力持ちなのですよ。

へぇ〜このトントントン…も縁の下の力持ちなんだ。

他の点描的なドローンの曲を聴きます。

もう1曲聴いてみましょう。今度の曲にはどんな持続する音があるか，持続する音だと思ったらそれを手で表してみてください。

は〜い。

鑑賞 聴いてみよう！
CD チャイコフスキー作曲：バレエ組曲『くるみ割り人形』より「アラビアの踊り」

この曲はさっきの曲と同じようにトントントン…が繰り返されているみたい。

でも，さっきと違って同じ音ばかりじゃないみたいだけど…

そうですね。よく気がつきましたね。実は2つの音を行ったり来たりして，この曲全体を支えているのですよ。
音楽を支えるドローンにも，色々なタイプがあることがわかりましたね。

[参考曲] CD 武満徹作曲：「雨の樹」
ホルスト作曲：『惑星』より「火星」

(駒)

世界のさまざまな音楽におけるドローン

対　象●中学年以上
ねらい●世界のさまざまな音楽におけるドローン（持続する音）を感じ聴き取ります

オーストラリア，アボリジニのディジュリドゥによる音楽からドローンを聴き取ります。

先生：今日は世界の音楽を色々聴きます。まず最初に聴く曲には，いくつかのパートがあります。聴き終わったら，どんなパートがあったか発表してください。

子ども：は〜い。

鑑賞　聴いてみよう！
　CD　オーストラリアの民族音楽：ディジュリドゥによる音楽

子ども：なんかいろんな音が聞こえたよ。
子ども：下のほうで妙な音がずっと続いていたよ。
子ども：それって声なのかな？それとも楽器の音かな？

先生：そう，続く音によく気づきましたね。これは，ディジュリドゥというオーストラリア先住民アボリジニの楽器で，低い持続する音で歌を支えているのですよ。

子ども：おもしろ〜い。

モンゴルの声による音楽，ホーミーからドローンを聴き取ります。

先生：世界には，1人でいくつかの音を出す音楽もあるのですよ。今度は声による音楽を聴いてみましょう。どんな声の使い方をしているか注目して聴いてください。

子ども：えー，これも音楽なの？

鑑賞　聴いてみよう！
　CD　モンゴルの民族音楽：ホーミーによる音楽

「これはモンゴルの声による音楽でホーミーといいます。実は，1人で2つの音を同時に出す歌い方で，1つの音は低音でずっと鳴っていてこれも音楽を支えているのです。」

「2つの音があったのかなぁ？」

「なんだかずっと伸ばしている音も聞こえたよ。」

「ぼくにもできるかな…？」

「すご〜い！1人で2つの音を出してるなんて！」

インドの音楽からドローンを聴き取ります。

「もう1つ聴いてみましょう。今度はどんな楽器が出てくるかな？」

「2つの楽器ですごく盛り上がっていくね！」

鑑賞 聴いてみよう！
  CD 北インドの古典音楽：「ラーガ・ヤマン」

「打楽器の音もすごい！」

「これはインドの音楽で，シタールという弦楽器とタブラ・バーヤという打楽器が掛け合いをしています。でもそれとまるで関係ないかのようにずっと鳴り続けるタンブーラという楽器が，音楽を支えているのですよ。」

「でも，やっぱりずーっと同じ音のパートがあったよ。」

「へぇ〜！おもしろい。」

「今日は，世界のさまざまな音楽を聴きました。民族が異なっても，低音で持続する音があることによって，どれも音楽を支えていることがわかりましたね。世界にはまだまだこのように持続する音をもつ音楽があります。もっと探してみましょう！」

[参考曲] CD ハーディーガーディーで演奏されている曲集　Les Maîtres de la Vielle Baroque
中世ノートルダム楽派のポリフォニー音楽　ペロティヌス（ペロタン）作品集　など

（駒）

日本の音楽におけるドローン

対　象●高学年
ねらい●日本の音楽のドローンを聴き取ります

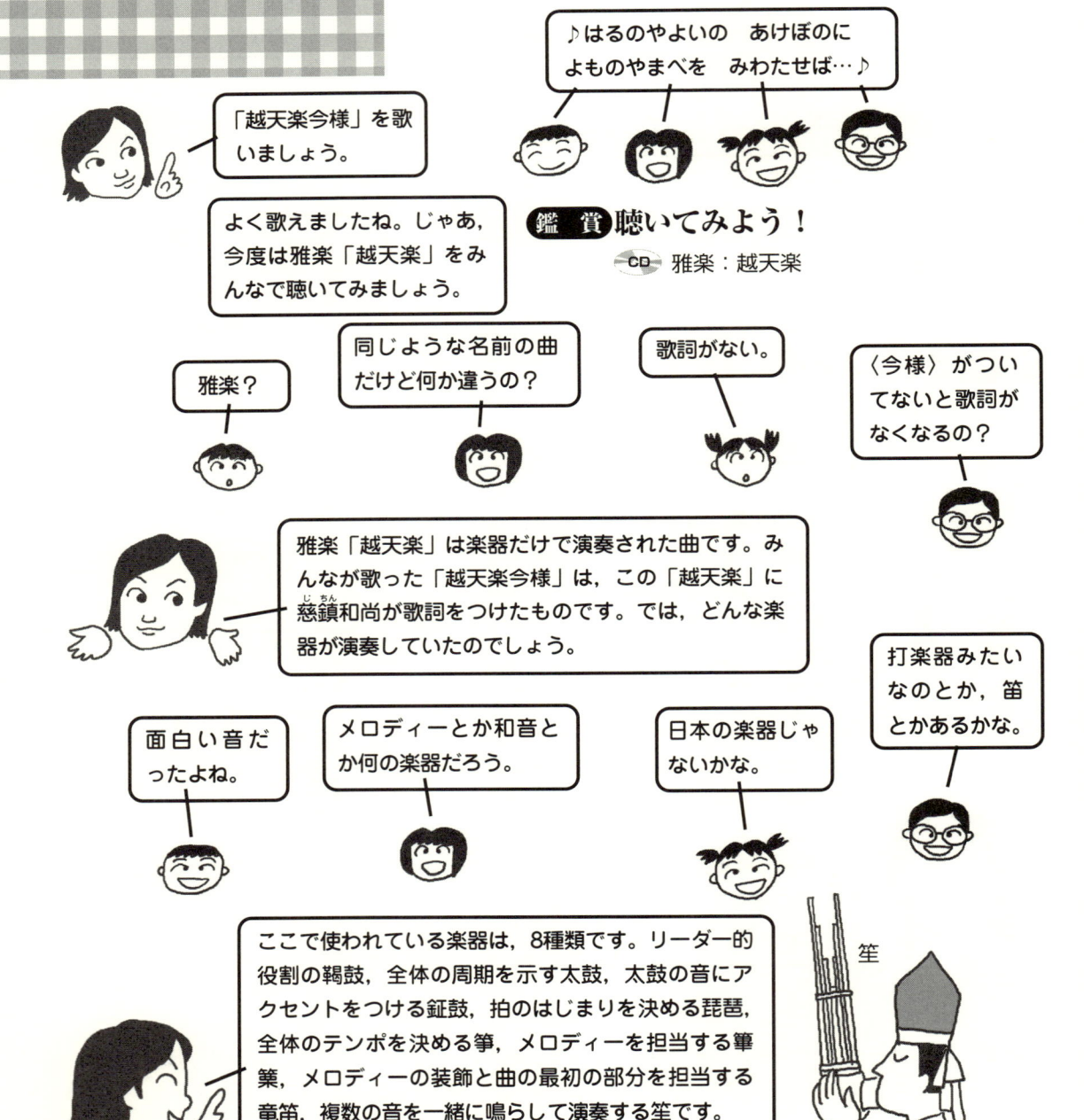

♪はるのやよいの　あけぼのに
よものやまべを　みわたせば…♪

「越天楽今様」を歌いましょう。

よく歌えましたね。じゃあ，今度は雅楽「越天楽」をみんなで聴いてみましょう。

鑑　賞　聴いてみよう！
CD　雅楽：越天楽

雅楽？

同じような名前の曲だけど何か違うの？

歌詞がない。

〈今様〉がついてないと歌詞がなくなるの？

雅楽「越天楽」は楽器だけで演奏された曲です。みんなが歌った「越天楽今様」は，この「越天楽」に慈鎮和尚が歌詞をつけたものです。では，どんな楽器が演奏していたのでしょう。

面白い音だったよね。

メロディーとか和音とか何の楽器だろう。

日本の楽器じゃないかな。

打楽器みたいなのとか，笛とかあるかな。

ここで使われている楽器は，8種類です。リーダー的役割の鞨鼓，全体の周期を示す太鼓，太鼓の音にアクセントをつける鉦鼓，拍のはじまりを決める琵琶，全体のテンポを決める箏，メロディーを担当する篳篥，メロディーの装飾と曲の最初の部分を担当する竜笛，複数の音を一緒に鳴らして演奏する笙です。

笙

鑑 賞 聴いてみよう！
CD 雅楽：越天楽

今日は，笙について少しみんなで考えてみましょう。笙は和音を演奏しているけれど，何の役割をしているのでしょう。笙の音に注意してもう一度「越天楽」を聴いてみましょう。

どうですか？

最初はないけど，鳴り始めたらずっと鳴っているよね。

伴奏みたいなものかな？

そうです。笙は雅楽においては，伴奏の役割を持っています。それと同時に，みんなが気づいたようにずっと和音を演奏して，音楽全体を支えるという重要な役割を持っているのですよ。

へ〜そうなんだ。

笙の部分を鍵盤ハーモニカで演奏して，「越天楽今様」をみんなで歌ってみましょう。音が途切れないように，お隣の人と違うところで息つぎをしてつなげましょうね。

＊「越天楽」での笙は若干音が変化しますが，ここではすべてに共通できる〈レミシ〉の和音を使います。

レミシー　　レミシー

♪はるのやよいのあけぼのに〜

どうですか？

なんだか，笙の部分があるほうが歌が安定する気がするかな。

そうですね。笙は音楽の縁の下の力持ちですね。

[参考曲] CD 雅楽：倍臚（ばいろ）など

（味府）

第3章 ●「音楽の縦と横の関係」から聴きなおす● 81

主鑑賞曲の解説

アメイジング・グレイス
イギリス民謡

バグパイプは、ヨーロッパ全域や近東諸国に広く分布する、風袋付きのリード楽器。袋の中に前もって空気を送り込み、袋を小脇で押して空気を送りながら、旋律を奏する主要管（チャンター）と、1〜3本のドローン管で演奏する。シングルリードのものと、ダブルリードのものがあるが、スコットランドの軍楽隊で使われているバグパイプは、かなりけたたましい音からも分かるように、ダブルリードである。

「アメイジング・グレイス」の作詞者はイギリス人のジョン・ニュートン、作曲者は不明である。アイルランドまたはスコットランドの民謡をもとにしている、または19世紀のアメリカでつくられたとするなどの諸説がある。いくつかの賛美歌集の中にも入っていて、アメリカで特に愛唱されているが、イギリスでもバグパイプで演奏されるなど、広く愛好されている。

タンブーラン
(1724)
ジャン・フィリップ・ラモー
(1683〜1764)

タンブーランは、南フランス、プロバンス地方の民俗舞踊で、ガルベと呼ばれる小型の3孔の縦笛とタンブーランと呼ばれる細長い太鼓を1人で演奏して舞踊を伴奏する。18世紀になって、ラモーらフランスの作曲家がオペラやクラブサン組曲の中に舞曲として取り入れた。これらはプロバンスの民俗舞踊をもとにしているといわれ、しばしばガルベとタンブーランの音を思い起こさせるものとなっている。

この曲は1724年に出版された『クラブサン曲集』の第1組曲に含まれ、単独の小品としても演奏される、ラモーの最もポピュラーな作品の1つである。

曲はホ短調、2分の2拍子、ロンド形式。

古いヨーロッパの民俗舞踊を想起させるドローン上で、ガルベの音を思わせる旋律**（譜例1）**が奏でられる。

譜例1

前奏曲「雨だれ」
(『24の前奏曲』op.28より第15番、1936〜38頃)
フレデリック・ショパン
(1810〜1849)

曲は、**譜例2**の変ニ長調の部分から始まる。耳をすますと、変イ（ラ♭）の音がメロディーとバスの中間音域でずっと打ち鳴らされているのを聴き取ることができる。この持続音（ドローン）が「雨だれ」という名の由来であろう。この変イのドローンは、変イ短調、変ロ短調、そして再び変ニ長調と曲自体が転調していっても変わることはなく、ずっと見え隠れして響いていく。

そして中間部**（譜例3）**。低音の恐ろしく陰鬱なメロディーの一方で、ドローンは右

譜例2

譜例3

手の嬰ト（つまり，変イと同じ音）に受け継がれる。曲想が変化しても，調が変わっても変わることのないドローン。それがこの曲の大きな特徴であり，魅力であるといえるだろう。曲は最初の変イの部分にもどって静かに閉じられる。

ショパンはこうしたドローンを用いた，やはり「雨だれ」と呼ばれる曲を，同じ前奏曲集の中にもう1曲取り入れている。第6番ロ短調である。併せて聴いてみても面白い。

アラビアの踊り
（組曲『くるみ割り人形』より，1892）
ペーター・イリイチ・チャイコフスキー
（1840～1893）

クリスマス・プレゼントにくるみ割り人形をもらったクララは，くるみ割り人形に変身した王子に，お菓子の国の魔法の城へと伴われる。そこでは雪の精，チョコレートの精，お茶の精などが踊りを繰り広げる。アラビアの踊りはその中の1つ，コーヒーの精の踊りである。

チェロとビオラが，全曲にわたってドローンを続けていく（譜例4）。

主旋律は（譜例5）弱音器をつけたバイオリンが，増音程や5連符を含んだ異国的な歌を歌いあげる。この旋律はもとはグルジア地方の子守歌であったといわれている。時折合いの手で入るタンブリンのパターンも，東洋的なムードを醸し出す。　　　　（坪能由）

譜例4

譜例5

ディジュリドゥによる音楽
オーストラリアの民族音楽

ディジュリドゥは，オーストラリア先住民アボリジニの楽器で，ユーカリの木でできた管楽器。世界最古ともいわれる。儀式や祭事のときに歌の伴奏として用いられることが多い。息を吹きながら唇の振動をコントロールすることで，豊かな倍音が生み出される。口から息を吐きながら，同時に鼻から息を吸う循環呼吸によって演奏が間断なく持続されるのが特徴。

ホーミーによる音楽
モンゴルの民族音楽

ホーミーは，西モンゴルのアルタイ地方で生まれた唱法で，一人の奏者が同時に二つの音声を出す唱法である。喉の奥から出す低い音（ドローン）を口腔で共鳴させ持続させながら，もう一方は倍音による高音で旋律が奏でられていく。この他，喉のホーミーだけでなく，鼻のホーミーや胸のホーミー，声門のホーミーなど，いくつかの種類がある。　　　　（駒）

ラーガ・ヤマン
北インドの古典音楽

インドの古典音楽は非常に緻密な理論を持っている。〈ラーガ〉は西洋音楽のドレミファソラシにあたる〈サレガマパダニ〉の音階音をさまざまに組み合わせた音列のことであるが，単に音の並びだけではなく，いくつかの音の優性や音の動き方，装飾の方法などが定められている。また，特定の感情内容が含まれているとされ，演奏されるべき時刻や季節なども決められている。

ラーガ・ヤマンは，譜例6のような音列でできている。含まれる感情内容は〈幸福〉，時刻は〈日没後の夕方〉とされている。シタールがこのラーガ独特のフレーズを，即興的に装飾しつつ演奏していくのが聴き取れる。

第3章●「音楽の縦と横の関係」から聴きなおす●83

ターラは，4＋4＋4＋4の16拍でできた「ティーン・ターラ」である。演奏家はこのような約束事と，次のような形にのっとって即興演奏を行う。
　ドローンを演奏するのは，タンブーラという弦楽器で，演奏中ずっと同じ音をかき鳴らし続ける。その後すぐに撥弦楽器，シタールが入り，拍を明白にしない中で即興演奏を始める。最後に一対の太鼓，タブラ（またはタブラ・バーヤ）が入り，次第に華やかさを増しながら，シタールとタブラとの掛けあいとでもいうべき部分に突入していく…。
　「ラーガ・ヤマン」はこのような形でかなり長い時間をかけて演奏される曲であるが，拍が明白になる「ガットⅠ」の冒頭部分のみを聴いてみてもよいだろう。シタールとタブラとの掛けあいが次第に熾烈を極めていく様子，まるで無関係のように，タンブーラのドローンがそれを支えていく様子が聴き取れるだろう。

譜例6

越天楽

　雅楽は奈良時代に中国や朝鮮半島から移入された音楽を，平安時代になって日本の宮廷の儀式に合わせて整理したものである。
　越天楽は「平調越天楽」が正式名で，その名の通り，**譜例7**のような律旋法の平調で書かれている。

譜例7　平調

　曲はA，B，Cの3つの部分でできていて「越天楽今様」でも歌われるAの部分を繰り返しながら，B，Cの部分が挿入される形でできている。
　楽器編成は下記のようになっている。

管楽器（吹物）－篳篥，竜笛，笙
打楽器（打物）－太鼓，鉦鼓，鞨鼓
弦楽器（弾物）－箏，琵琶

　主旋律はダブル・リードの篳篥が演奏し，竜笛はそれに沿うように細かい装飾を加える。打楽類は主にリズム型を繰り返し，箏もやはり一種のリズム型を繰り返す。
　四弦の琵琶の奏するのは，一種の分散和音である。しかし柱を押さえることによって音程を変化させるのは最高音の1弦のみ。あとの3弦は常に同じ音を奏する。たくさんの楽器編成の中では聞こえにくいが，この3弦の持続音も，一種のドローンと考えることができるだろう。
　ドローン的な要素はもう1つある。まるでオルガンのような柔らかい音色で，重音を奏している笙である。笙は17本の細い竹を椀型の〈匏〉に差し込み，吹き口を吹いても吸っても音が出る構造になっている。「越天楽」をはじめ，雅楽が絶えず持続する連綿とした感じを与えるのは，このような笙の音と機能にも起因していよう。
　笙によるドローンは，実は少しずつ音を変化させている。しかしその変化は，まるで変化していないかのように微妙でゆっくりとしており，これもこの曲に持続性と安定性を与えている要因といえるだろう。

（坪能由）

第2節
さまざまな音の重なり

　音やメロディーが重なるとどんな風に音楽が面白くなるのかを聴いてみましょう。

　和音（コード）も音の重なり方の1つです。和音は基本的に3度間隔の音（下の音と上の音の間にもう1音入る音程，ドとミなど）の積み重ねでできています。

　でもその間をできるだけびっしりうめてしまったらどうでしょうか。「ド・ド♯・レ・レ♯・ミ」といった具合です。これは〈クラスター〉と言って三和音とは違った，緊張感のある音になります。

　1つのメロディーをずらして2声にしてみたらどうでしょうか。そう，輪唱のような音楽になりますね。輪唱のように1フレーズまるまるずらすのではなく，1音ずつずらしてみるという音楽もあります。また日本の音楽のようにメロディーと伴奏が微妙にずれていく，という音楽もあります。

　いろんな音の重なりを聴くことは，メロディーだけでなく音楽全体を見渡しながら聴く，ということにつながっていきます。

（坪能由）

カノンさまざま

対　象●中学年以上
ねらい●同じメロディーを追いかけて音の重なりができるカノンを聴きます

遊びや，知っている歌を通して〈カノン〉を体験します。

これから先生が，4つ手をたたきます。そのあと，また4つ手をたたきます。でもたたく場所はかわります。どんどん場所をかえて4つずつ手をたたくわけです。みんなは，先生の4拍おくれて手をたたいてね。

え〜？　楽しそう！！

むずかしいかも。

先生：4つたたく → 4つたたく → 4つたたく → 4つたたく

子ども：

うわぁ，おもしろい！！もう1回やりたい！

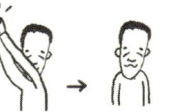

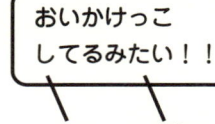

おいかけっこしてるみたい！！

そうだね。おいかけっこしてるみたいだね。音楽でもおいかけっこしているものがあるんだよ。知ってる？

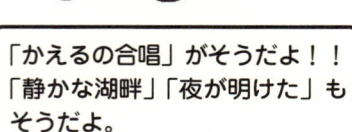

「かえるの合唱」がそうだよ！！「静かな湖畔」「夜が明けた」もそうだよ。

そうです！
では，みんなも知っている「夜が明けた」（岡本敏明作詞／フランス曲）を歌ってみましょう。3つのグループに分けて，おいかけっこしてみるよ。歌うときに立って，歌いおわったらすぐに座りましょう。

♪コッコケコッコ　よがあけた♪

1グループ　　2グループ　　3グループ

カノンの音楽を聴きます。

先生：世界中には，たくさんのおいかけっこの音楽があり，これを〈カノン〉というんですよ。今日は，2つの楽器がおいかけっこしている曲を聴いてみましょう。

鑑賞1　聴いてみよう！
　CD　フランク作曲：「バイオリン・ソナタ イ長調」から第4楽章（冒頭の36小節）

先生：何の楽器と何の楽器がおいかけっこしていたか，わかりましたか？

生徒：バイオリンとピアノ！！

先生：そう，正解！！　では，どちらが先にメロディーを奏でていて，どちらがおいかけていたかわかりましたか？

生徒：バイオリンが先だったよ。

生徒：いや，ピアノだったような……。

先生：ハハハ……。ちょっと確かめてみましょうね。もう1度聴きましょう。

鑑賞2
　CD　フランク作曲：「バイオリン・ソナタ イ長調」第4楽章（冒頭の36小節）

先生：さあ，わかりましたか？

生徒：ピアノが先でした！

先生：はい，正解です！！　実はこの曲には続きがあります。どのように音楽が続いていくかな？　では，曲の全体を聴きましょう。

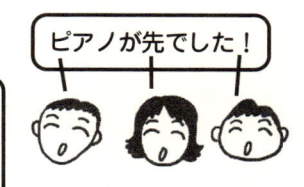

鑑賞3
　CD　フランク作曲：「バイオリン・ソナタ イ長調」　第4楽章（全曲）

　[参考曲] CD　バッハ作曲：『2声のインベンション』　第8番
　　　　　　マーラー作曲：「交響曲第1番」から　第3楽章
　　　　　　ビゼー作曲：『アルルの女　第2組曲』から　第4曲「ファランドール」

（髙倉）

Dr.ひ〜ろ〜のワンポイントアドバイス

　カノンは〈ものまね伝達〉音楽です。歌による無限カノンのことを〈輪唱＝ラウンド〉といいます。1つの話を正確に答えて伝えます。ですから途中で，話を勝手に曲げない・（話が）ぶつからない・（話の内容が）聞こえなくならない，などのルールがあります。
　この〈ものまね〉は，ただマネをしていればいいのではなく，全体がどんな話なのかも聴かなければなりません。でも，美しい話が続々と聞こえると，つられてしまい，いま何を次の人に伝えたか忘れて，頭がパンクしてしまいそうです。もし，ここでパンクしないでお話が最後まで聴けたら〈天才〉です。天才が書いたカノンを教室の天才たちが受け継いで聴く！　それは素晴らしい音楽の共有です。

〈ずれ〉の面白さ

対　象●高学年以上
ねらい●メロディーの〈ずれ〉の面白さを聴き取ります

木琴（マリンバ）でこの譜例を演奏できるようにします。

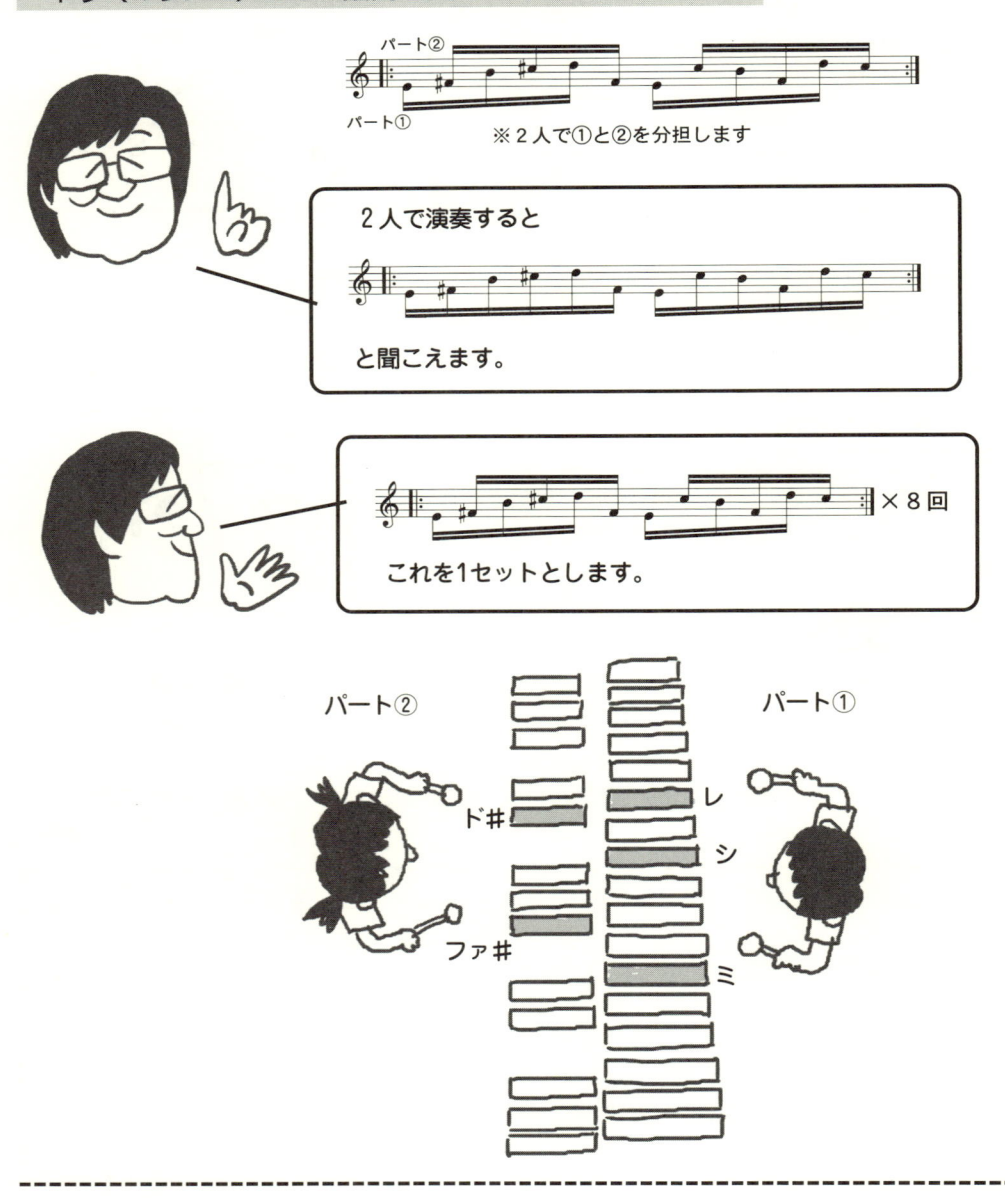

パート②
パート①
※2人で①と②を分担します

2人で演奏すると

と聞こえます。

×8回

これを1セットとします。

パート②　　　　　　　　　　パート①

ド♯　　　　　　　　　　　　レ
　　　　　　　　　　　　　　シ
ファ♯　　　　　　　　　　　ミ

88●第2節●さまざまな音の重なり

木琴を2台使って，左の楽譜を2組で演奏します。

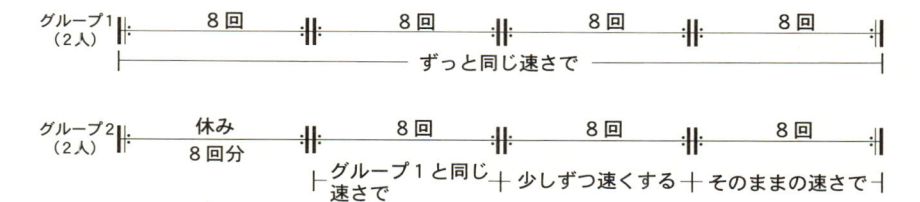

```
グループ1  |─ 8回 ─|─ 8回 ─|─ 8回 ─|─ 8回 ─|
（2人）    |────── ずっと同じ速さで ──────|

グループ2  |─ 休み ─|─ 8回 ─|─ 8回 ─|─ 8回 ─|
（2人）    |  8回分  |グループ1と同じ|少しずつ速くする|そのままの速さで|
                     速さで
```

- 2組に分かれて，上のように演奏してみます。
- むずかしい！！
- はじめは，いっしょのメロディーだけれど，ずれていくと，ちがうメロディーが聞こえるね。

スティーブ・ライヒ作曲「ピアノ・フェイズ」を聴きます。

- みなさんが，今，演奏したようにメロディーをずらしていく音楽を聴いてみましょう。
- どんな風に聞こえてくるのかな。
- ずれていく曲があるんだ！！
- ずれることで，メロディーが変化してくるのが聴き取れるかな？
- すごい！！
- ちがうメロディーが，聞こえてきたよ。
- わざとずらしていくつくり方をしているんだね。
- メロディーが，変わっていったよ。

鑑賞　聴いてみよう！

　🎵　スティーブ・ライヒ作曲：「ピアノ・フェイズ」
　　　ホルスト作曲：組曲『惑星』から　「木星」

- 「ピアノ・フェイズ」という曲を聴きました。〈ずれ〉の音楽，面白かったかな？

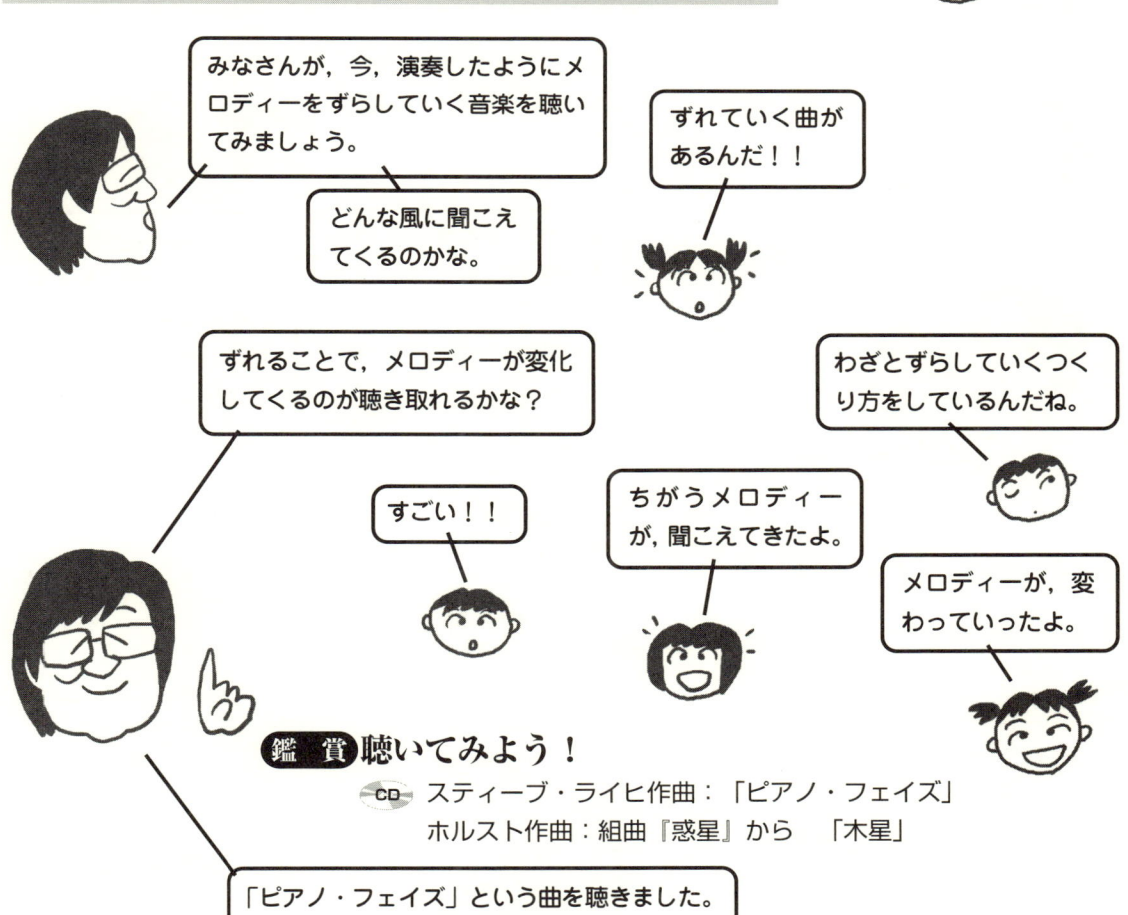

（中島）

さまざまな音の重なり
──クラスター

対　象●中・高学年
ねらい●クラスターの部分を聴き取り，その響きを味わいます

いろいろな高さの声を重ねてみます。

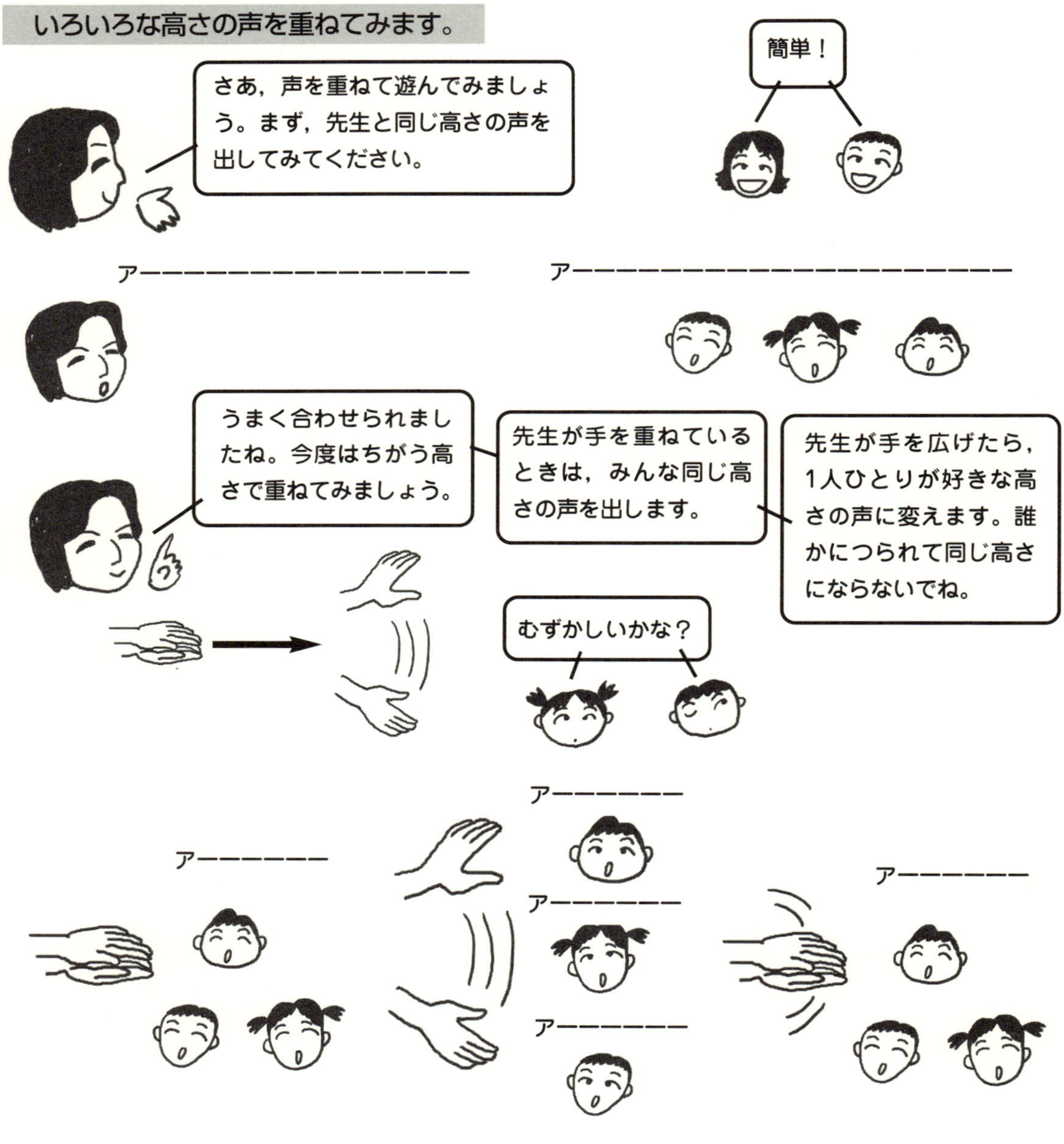

さあ，声を重ねて遊んでみましょう。まず，先生と同じ高さの声を出してみてください。

簡単！

ア————————————　　ア————————————

うまく合わせられましたね。今度はちがう高さで重ねてみましょう。

先生が手を重ねているときは，みんな同じ高さの声を出します。

先生が手を広げたら，1人ひとりが好きな高さの声に変えます。誰かにつられて同じ高さにならないでね。

むずかしいかな？

ア————　　ア————　　　　　　　ア————
　　　　　　ア————
　　　　　　ア————

どんな感じがしましたか？

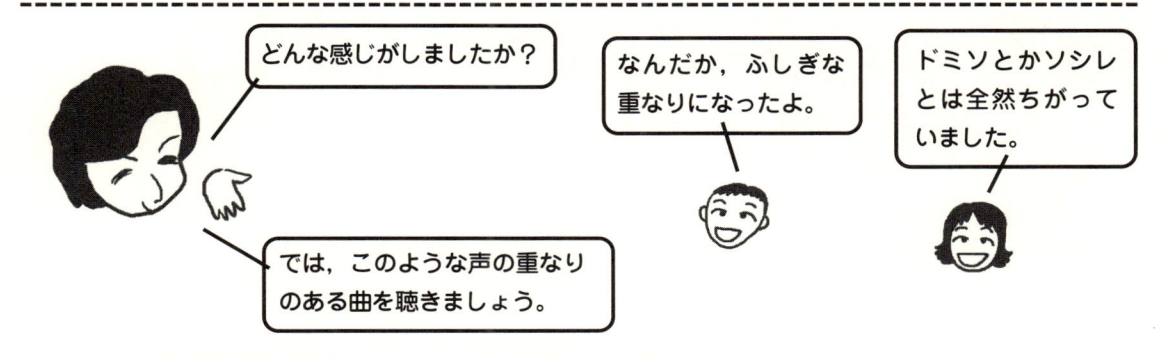

なんだか，ふしぎな重なりになったよ。

ドミソとかソシレとは全然ちがっていました。

では，このような声の重なりのある曲を聴きましょう。

いろいろな高さの声が重ねられている部分のある曲を聴きます。

鑑賞 聴いてみよう！

CD マリー・シェーファー作曲：「月光への碑文」

hum————
　hum————
　　hum————
　　　hum————
　　　　hum————
　　　　　hum————
　　　　　　hum————
　　　　　　　hum————

まず，最初の部分を聴きます。どのように声が重ねられているか，わかりますか？

わかった！　高い音から順に低い音へと重なっていったよ。

そうですね。では，全曲通して聴きましょう。他にも，声の重なるところがありますよ。

ここかな？

きれいー

声ではなく，楽器でいろいろな高さの音が重ねられている曲もありますよ。

【参考曲】CD マリー・シェーファー作曲：「ミニワンカ」……声による重なり
　　　　　ペンデレツキ作曲：「広島の犠牲者に捧げる哀歌」……楽器による重なり

(熊木)

第3章●「音楽の縦と横の関係」から聴きなおす●91

日本の音楽における〈ずれ〉
――ヘテロフォニー

対　象●高学年以上
ねらい●同じような旋律がずれて重なっていることを聴き取ります

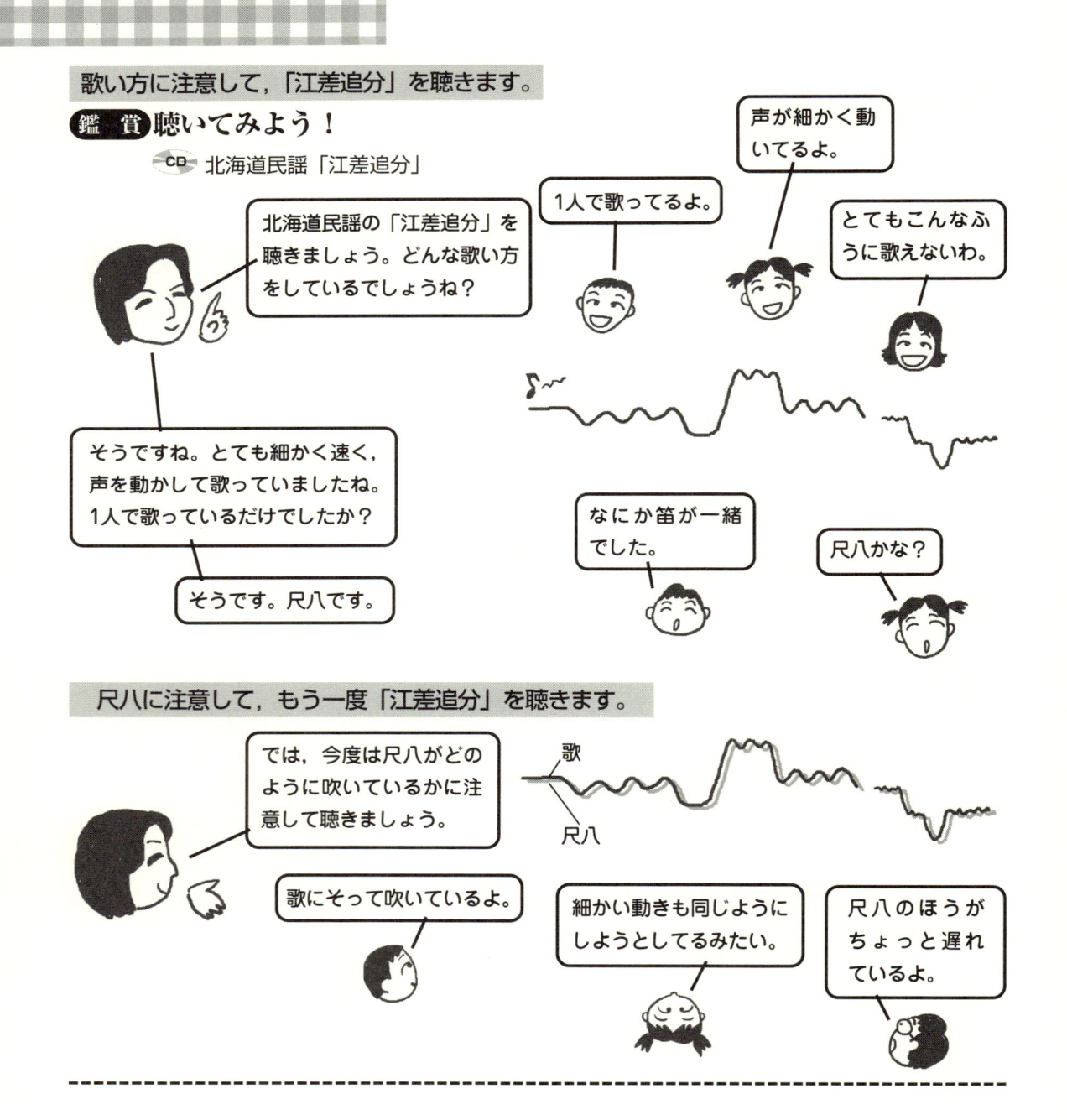

歌い方に注意して、「江差追分」を聴きます。

鑑賞 聴いてみよう！

　　CD　北海道民謡「江差追分」

- 北海道民謡の「江差追分」を聴きましょう。どんな歌い方をしているでしょうね？
- 1人で歌ってるよ。
- 声が細かく動いてるよ。
- とてもこんなふうに歌えないわ。
- そうですね。とても細かく速く、声を動かして歌っていましたね。1人で歌っているだけでしたか？
- なにか笛が一緒でした。
- 尺八かな？
- そうです。尺八です。

尺八に注意して、もう一度「江差追分」を聴きます。

- では、今度は尺八がどのように吹いているかに注意して聴きましょう。
- 歌
- 尺八
- 歌にそって吹いているよ。
- 細かい動きも同じようにしようとしてるみたい。
- 尺八のほうがちょっと遅れているよ。

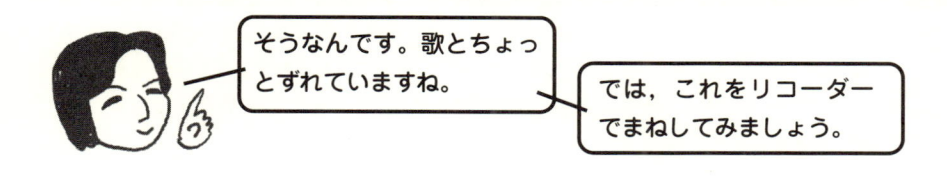

そうなんです。歌とちょっとずれていますね。

では、これをリコーダーでまねしてみましょう。

同じ旋律を少しだけずらしてリコーダーで吹きます。

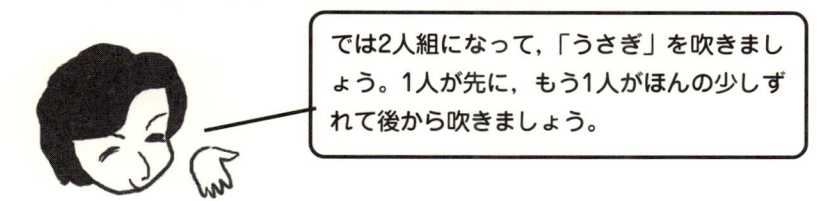

では2人組になって、「うさぎ」を吹きましょう。1人が先に、もう1人がほんの少しずれて後から吹きましょう。

① ファ― ファ ラ シ ラ シ　　ファ ファ ファ ラ シ ラ シ ------
② ファ― ファ ラ シ ラ シ　ファ ファ ファ ラ シ ラ シ ------

先生、つられて一緒になっちゃった。

そうそう

ちょっとだけずれるってすごくむずかしいということが、わかったよ。

日本の民謡には、このように〈ずれ〉が含まれているものが、他にもありますよ。

他の民謡で、〈ずれ〉が含まれているものを聴きます。

【参考曲】CD　宮城県民謡「長持唄」

(熊木, 髙須)

第3章 ●「音楽の縦と横の関係」から聴きなおす● 93

主鑑賞曲の解説

バイオリン・ソナタ 第4楽章
セザール・フランク（1822〜1890）

　この曲はフランクのたった1曲のバイオリン・ソナタであるが，彼の代表作でもあり，またあらゆるバイオリン曲の中でも最高傑作の1つに数えられている。

　第4楽章の全体的な構造は図1に挙げた通りであるが，主に3つの特徴を挙げることができる。

　1つ目はロンド形式であること。**譜例1**の流麗なロンドの主題が，曲中何度も現れるのは**図1**に見る通りである。

　もう1つは，循環形式であること。循環形式とは，多楽章形式の曲において，主題素材が他の楽章にも現れる形式のことである。フランクはこの曲に限らず，多くの作品にこの循環形式を用いている。この作品では，3楽章から2つの主題（**譜例2，3**）が，2楽章から経過句的なメロディー（**譜例4**）が取り入れられている。

　3つ目は，カノンであること。これはロンド主題に現れる。ロンド主題を反復するごとにロンド主題をもとに，ピアノとバイオリンがさまざまな形でカノンを繰り広げているのを聴き取ることができるだろう。単純でありながら，非常に美しいカノンである。

図1
バイオリン・ソナタ
第4楽章の構成

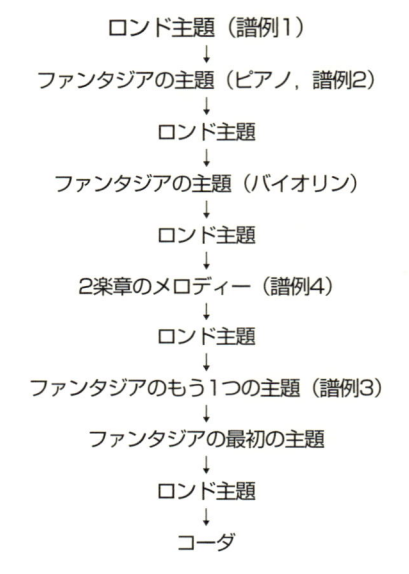

ロンド主題（譜例1）
↓
ファンタジアの主題（ピアノ，譜例2）
↓
ロンド主題
↓
ファンタジアの主題（バイオリン）
↓
ロンド主題
↓
2楽章のメロディー（譜例4）
↓
ロンド主題
↓
ファンタジアのもう1つの主題（譜例3）
↓
ファンタジアの最初の主題
↓
ロンド主題
↓
コーダ

譜例1

譜例2

譜例3

譜例4

ピアノ・フェイズ
（1967）
スティーブ・ライヒ
（1936～　　）

ミニマル・ミュージックを代表する作曲家，ライヒの2台のピアノのための作品である。曲は3つの部分に分かれているが，第1の部分だけが演奏されることも多い。

16分音符12から成る同一のパターン（**譜例5**）を2人の奏者が繰り返していく。第1奏者はこの基本パターンをずっと続けていくのに対し，第2奏者は，ただ繰り返すだけでなく少しずつテンポを加速させ，16分音符1つ分ずつ第1奏者を追い抜いていく。その12通りのずれ方によって，実際には演奏していない12の〈虚〉の旋律がそれぞれの部分で聞こえてくる。その不思議な体験がこの作品の大きな魅力となっている。

譜例5

Reich: Piano Phase
© 1980, Universal Edition(London)Ltd., London/UE 16156
Reprinted by permission of Universal Edition(London)Ltd., London

月光への碑文
（1973）
マリー・シェーファー
（1933～　　）

シェーファーは現代を代表する作曲家の1人であり，環境音に着目して身のまわりにあるさまざまな音に耳を開くことが大切であるという提言を行ったことでも大きな影響力をもった。またイギリスのジョン・ペインターとともに，子どもと音楽づくりの活動をいちはやく行ったことでも知られている。

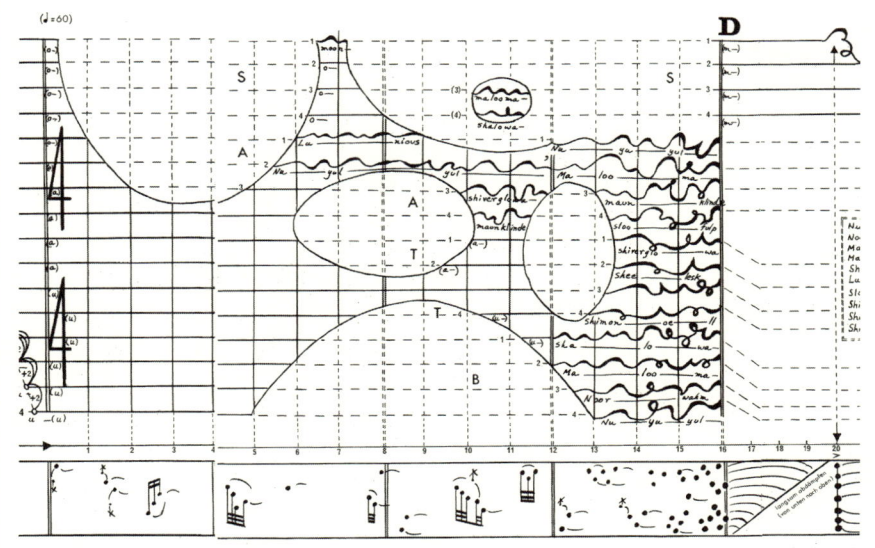

譜例6
「月光への碑文」の一部

Schafer: Epitaph for Moonlight
© 1969, BMI CANADA LIMITED, 41 Valleybrook Dr., Don Mills Ontario
German versuin C 1971, Universal Edition A.G., Wien/UE 20024
"Published by arrangement with BERANDOL MUSIC LIMITED,
Scarborough, Ontario"
Reprinted by permission of Universal Edition A.G., Wien

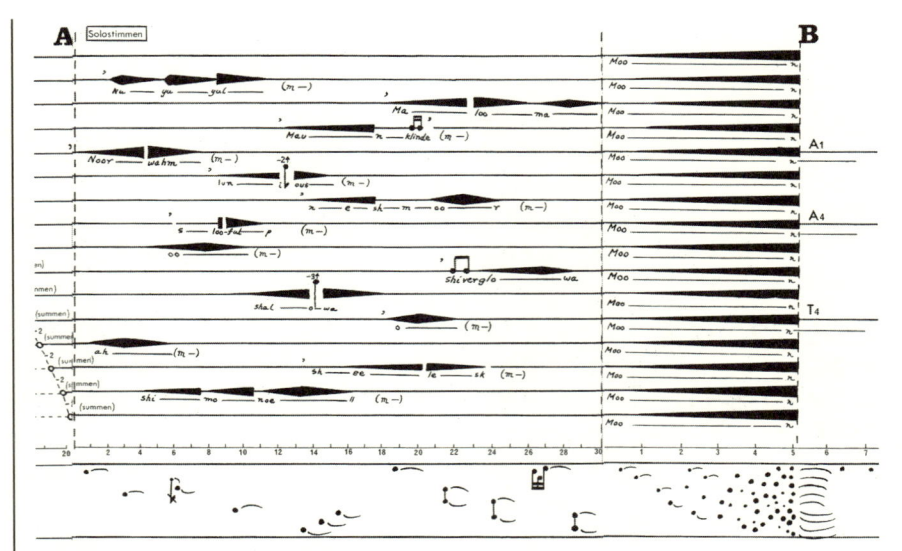

Schafer: Epitaph for Moonlight
© 1969, BMI CANADA LIMITED, 41 Valleybrook Dr., Don Mills Ontario
German versuin C 1971, Universal Edition A.G., Wien/UE 20024
"Published by arrangement with BERANDOL MUSIC LIMITED,
Scarborough, Ontario"
Reprinted by permission of Universal Edition A.G., Wien

　シェーファーは，子どもたちとの音楽づくりの授業で，〈月光〉を表す言葉を自分たちで考えてくるようにという課題を与えたことがあったが，子どもたちのつくってきたオノマトペ（擬声語・擬態語）は，彼の予想をはるかに超えた創造力に富んだものであった。この時に子どもたちがつくったオノマトペを歌詞としてつくられたのが「月光への碑文」である。

　楽譜は図形で書かれ，演奏者には即興的に音楽をつくっていくことが求められている。時には即興的にクラスターをつくる部分があり，それがこの曲の大きな特徴ともなり，また幻想性に富んだ最も魅力的な部分ともなっている。

江差追分
北海道民謡

　鴎の（ヤーソイ）　啼く音に（ヤーソイ）
　ふと目を（ヤーソイ）　覚まし（ヤーソイ）

　江差町は，北海道南部の日本海に面した港町で，にしん漁の根拠地としてかつて大きく栄え，その頃のお座敷芸としては「松前節」や「追分節」を三味線で伴奏したものが親しまれていた。

　しかし，明治になって北海道の玄関口が函館となると，江差町は衰退し，江差を賑わせた民謡も歌われなくなっていった。民謡だけでも残そうと明治末期にコンクールが開かれ，三味線を伴奏とした賑やかな「追分節」ではなく，漁師たちが口ずさんでいた節回しを尺八のみを伴奏として歌った「追分節」が大きな反響を呼んだ。それが現在の「江差追分」のもととなっている。1つのシラブルを長く伸ばして歌う自由拍節の民謡の代表ともいえる曲で，尺八の伴奏と微妙にズレながら，掛け合っていく演奏の妙味を味わえる。

(坪能由)

第4章

ぐっとくる意外な聴き方

　〈ぐっとくる〉聴き方に挑戦です。何がぐっとくるかは人により違うでしょう。でも音楽の聴き方を変えてみると，同じ曲でも今までとは違った世界を発見することができるのです。

　音楽はその作品のつくられた時代背景や作曲家のエピソードを知ることも大切ですが，音楽そのものがどうつくられているかを知ると，もっと楽しくなります。

　音楽はジャンルや時代，場所や文化によって，それぞれ違って聞こえてきますが，基本的な仕掛けはそれほど違ってはいないのです。

　作曲家は，誰かがつくったものをマネしてつくるわけではありません。人と違うこと，新しいこと，変わった手を考えてつくっています。音楽が共通に備えている仕組みを知り，一方ではそれぞれのジャンルの音楽，そして1人ひとりの作曲家に固有な優れた表現に出合うと，もっとぐっとくるかも知れません。

　　　　　　　　　　　　　　　　　　　　　　　　　　（Dr.ひ～ろ～）

いろいろな音階（全音音階）

対　象●高学年
ねらい●全音音階を聴き取り，音階の面白さを感じます

2つの音階を聴きくらべます。

これから2つの音階をピアノで弾きます。それぞれよく聴いてみてくださいね。

1：ド・レ・ミ・ファ・ソ・ラ・シ

2：ド・レ・ミ・ファ♯・ソ♯・ラ♯

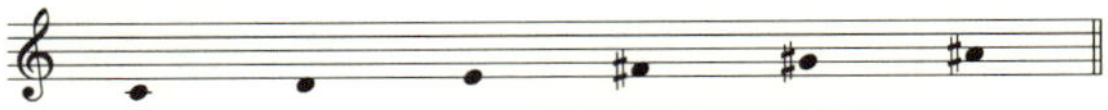

2つを聴き比べてどうですか？

1つ目は普通だよ。

2つ目はなんか変。音が外れてるみたい。

「鉄腕アトム」！！

「世にも奇妙な物語」！！

よく気付きましたね。今，聴いた音階は少し変わっていますが，みんなの身近でもよく使用されていますね。これは全音音階といいます。じゃあ，みんなも，トーンチャイム（ハンドベル）を使って全音音階をつくってみましょう。

最初はド・レ・ミ・ファ♯・ソ♯・ラ♯と音を音階順にならべて体験します。

ド〜
レ〜
ミ〜
ファ♯〜
ソ♯〜
ラ♯〜

うわぁ。不思議な感じ。

あれ！！ この音階，普通の音階より音が少ない！！

いいところに気付きましたね。全音音階はみんながよく知っているドレミの音階よりも，1つ音が少ないのが特徴です。では，全音音階の曲を1曲聴いてみましょう。

鑑 賞 聴いてみよう！

🎵 ドビュッシー作曲：『映像 第2集』より「葉ずえを渡る鐘」

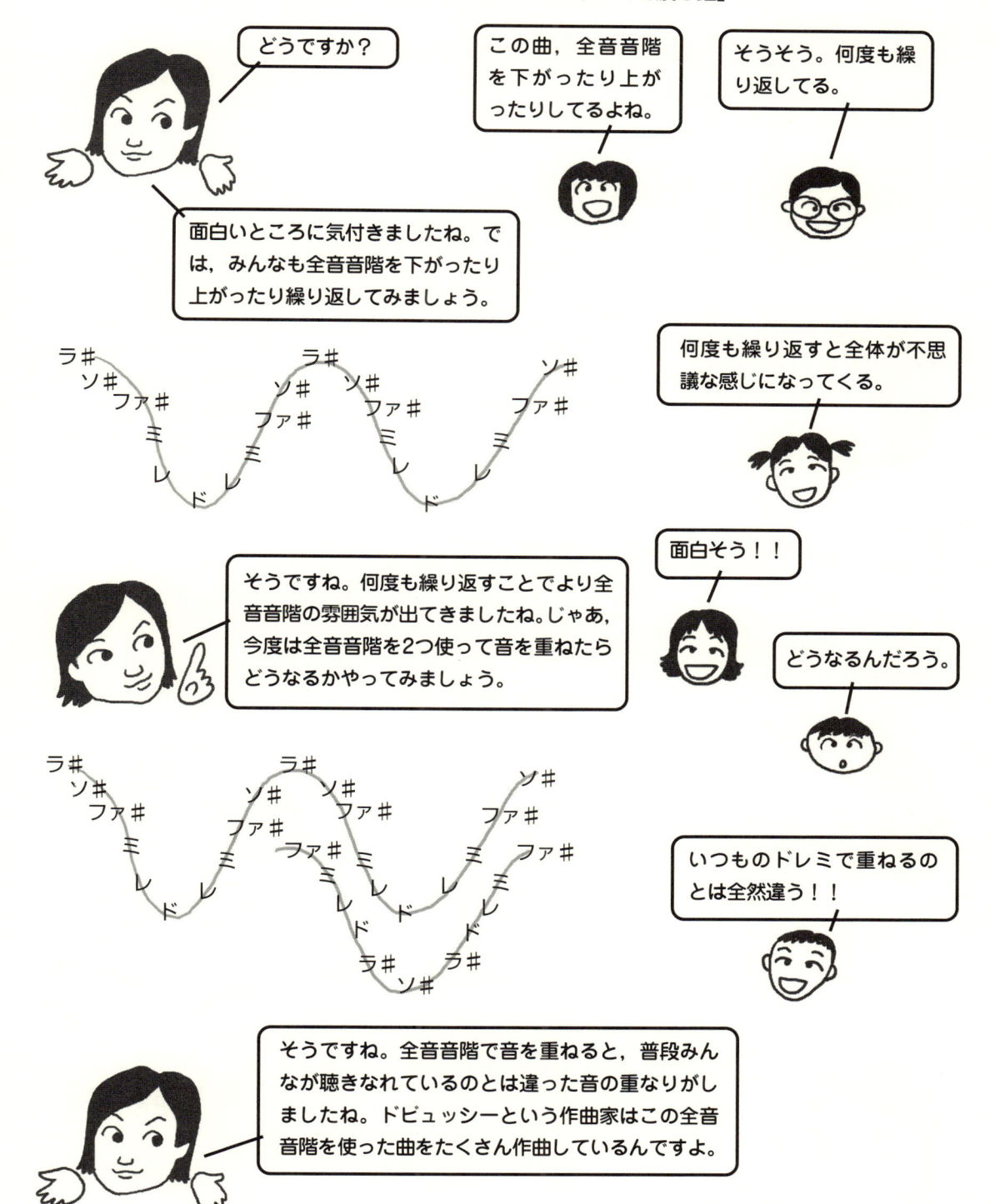

- どうですか？
- この曲，全音音階を下がったり上がったりしてるよね。
- そうそう。何度も繰り返してる。
- 面白いところに気付きましたね。では，みんなも全音音階を下がったり上がったり繰り返してみましょう。

ラ♯
ソ♯　　　　　　　　　ラ♯　　　　　　　　　　　　　　　ソ♯
ファ♯　　　　　　ソ♯　　　　　　ソ♯　　　　　　　ファ♯
　ミ　　　　ファ♯　　　ファ♯　　　　ファ♯
　　レ　　ミ　　　　　　　ミ　　　　　　ミ
　　　ド　　　　　　　　　　レ　　　　　　　　レ
　　　　　　　　　　　　　　　　ド

- 何度も繰り返すと全体が不思議な感じになってくる。
- そうですね。何度も繰り返すことでより全音音階の雰囲気が出てきましたね。じゃあ，今度は全音音階を2つ使って音を重ねたらどうなるかやってみましょう。
- 面白そう！！
- どうなるんだろう。

ラ♯　　　　　　　　　　ラ♯　　　　　　　　　　　　　　　　ソ♯
ソ♯　　　　　　　　ソ♯　　　ソ♯　　　　　　　　　　ファ♯
ファ♯　　　　ファ♯　　　ファ♯　　ミ　ファ♯
　ミ　　　　ミ　　　　　　　ミ　　　　レ
　　レ　　　　レ　　　　レ　　　　ド
　　　ド　　　　ド　　　　　　　　　　ラ♯　ラ♯
　　　　　　　　　　　　　　　　　　　　　　ソ♯

- いつものドレミで重ねるのとは全然違う！！
- そうですね。全音音階で音を重ねると，普段みんなが聴きなれているのとは違った音の重なりがしましたね。ドビュッシーという作曲家はこの全音音階を使った曲をたくさん作曲しているんですよ。

【参考曲】🎵 ドビュッシー作曲：『前奏曲 第1巻』より「帆」

(味府)

第4章 ●ぐっとくる意外な聴き方●99

いろいろな音階（教会旋法）

対　象●中・高学年
ねらい●いつもの音階とは違う音階で，できた曲があることを知って聴きます

ハ長調の音階と，ドリア旋法を比べます。

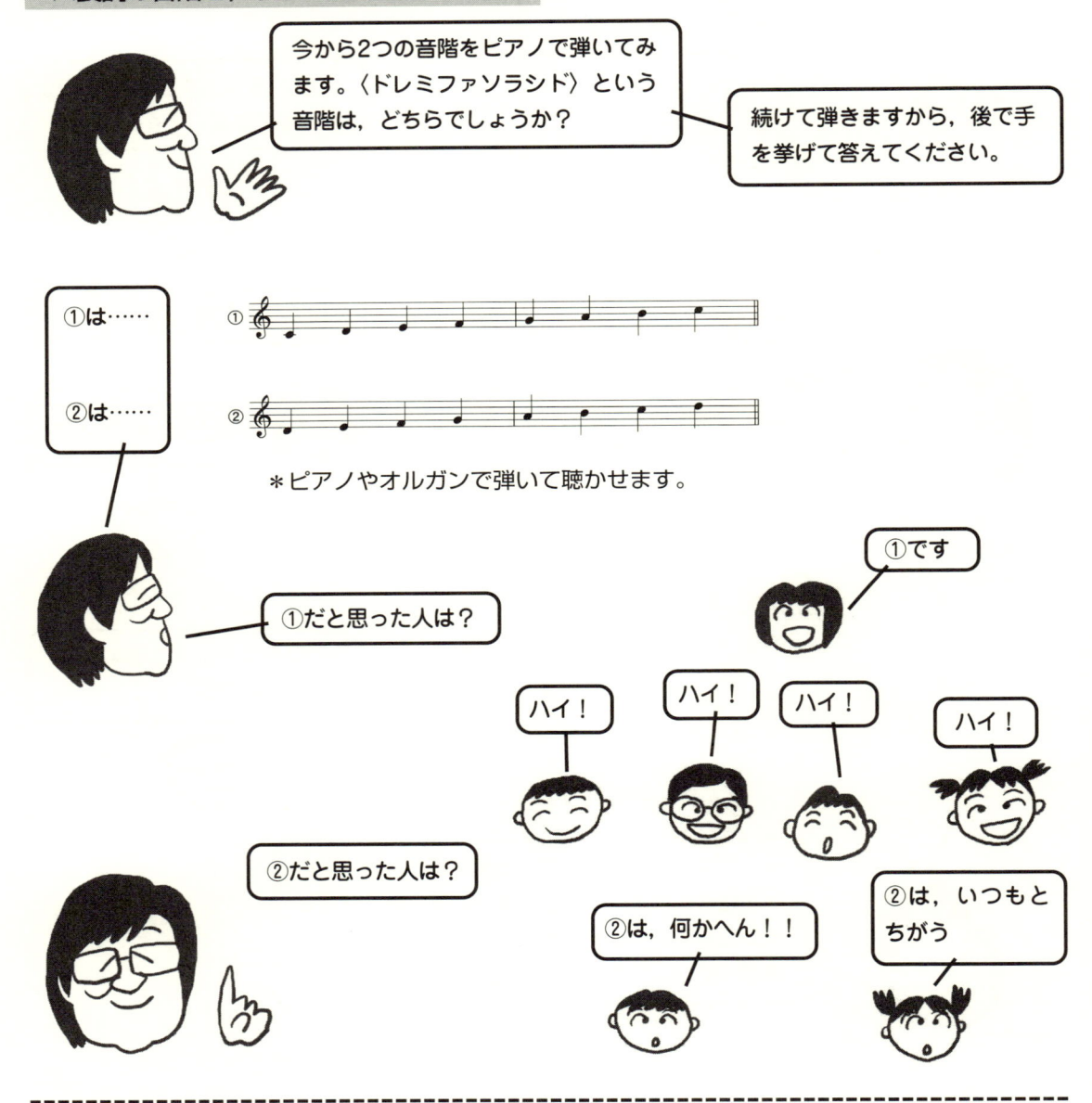

今から2つの音階をピアノで弾いてみます。〈ドレミファソラシド〉という音階は，どちらでしょうか？

続けて弾きますから，後で手を挙げて答えてください。

①は……

②は……

＊ピアノやオルガンで弾いて聴かせます。

①だと思った人は？

①です

ハイ！　ハイ！　ハイ！　ハイ！

②だと思った人は？

②は，何かへん！！

②は，いつもとちがう

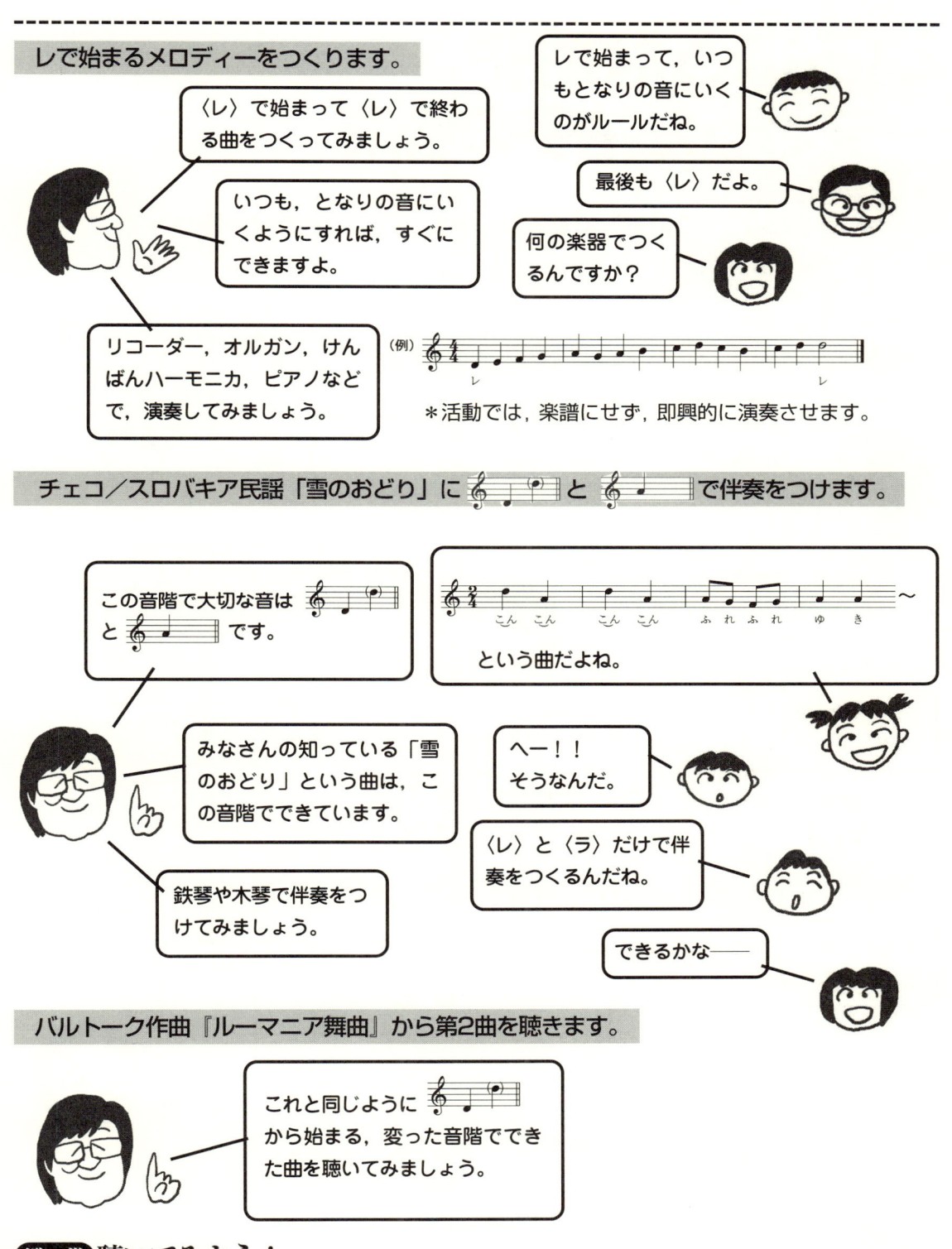

レで始まるメロディーをつくります。

- 〈レ〉で始まって〈レ〉で終わる曲をつくってみましょう。
- いつも、となりの音にいくようにすれば、すぐにできますよ。
- リコーダー、オルガン、けんばんハーモニカ、ピアノなどで、演奏してみましょう。

- レで始まって、いつもとなりの音にいくのがルールだね。
- 最後も〈レ〉だよ。
- 何の楽器でつくるんですか？

（例）　［楽譜］　レ　　　レ

＊活動では、楽譜にせず、即興的に演奏させます。

チェコ／スロバキア民謡「雪のおどり」に ♩ と ― で伴奏をつけます。

- この音階で大切な音は ♩ と ― です。
- みなさんの知っている「雪のおどり」という曲は、この音階でできています。
- 鉄琴や木琴で伴奏をつけてみましょう。

［楽譜］こん こん こん こん ふれ ふれ ゆき 〜
という曲だよね。

- へー！！ そうなんだ。
- 〈レ〉と〈ラ〉だけで伴奏をつくるんだね。
- できるかな——

バルトーク作曲『ルーマニア舞曲』から第2曲を聴きます。

- これと同じように ♩ から始まる、変った音階でできた曲を聴いてみましょう。

鑑賞 聴いてみよう！

🎵 バルトーク作曲：『ルーマニア舞曲』より　第2曲

（中島）

第4章●ぐっとくる意外な聴き方●101

いろいろな拍子
——変わった拍子の音楽

対　象●高学年
ねらい●変わった拍子（5拍子）でできている曲であることを聴き取ります

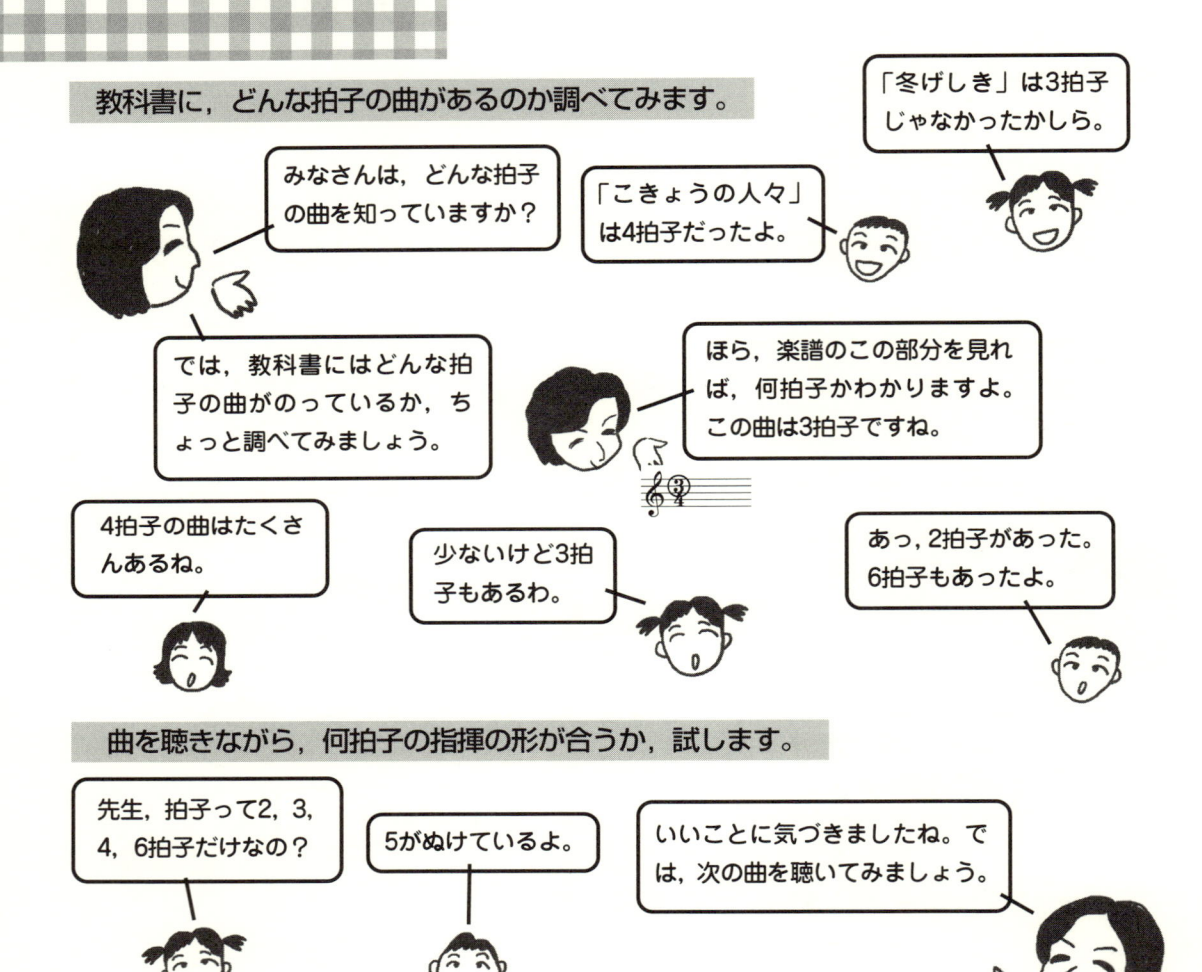

教科書に，どんな拍子の曲があるのか調べてみます。

- みなさんは，どんな拍子の曲を知っていますか？
- 「こきょうの人々」は4拍子だったよ。
- 「冬げしき」は3拍子じゃなかったかしら。
- では，教科書にはどんな拍子の曲がのっているか，ちょっと調べてみましょう。
- ほら，楽譜のこの部分を見れば，何拍子かわかりますよ。この曲は3拍子ですね。
- 4拍子の曲はたくさんあるね。
- 少ないけど3拍子もあるわ。
- あっ，2拍子があった。6拍子もあったよ。

曲を聴きながら，何拍子の指揮の形が合うか，試します。

- 先生，拍子って2，3，4，6拍子だけなの？
- 5がぬけているよ。
- いいことに気づきましたね。では，次の曲を聴いてみましょう。

鑑賞　聴いてみよう！

CD　ホルスト作曲：『惑星』より　「火星」

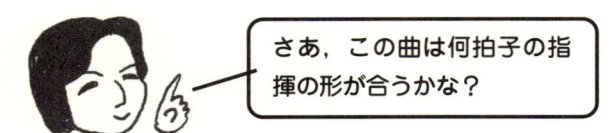

- さあ，この曲は何拍子の指揮の形が合うかな？

- 3拍子じゃないよ。だって合わないもん。
- 4拍子も合わないよ。
- 6拍子なのかなあ。
- 先生, 降参。この曲, 何拍子なの？
- では, 3拍子と2拍子の指揮の形を交互に振ってみてください。
- あっ！ 合った！
- こんな拍子があるの？！
- この曲は, 3＋2で5拍子なんですよ。

5拍子のリズム・パターンを打ちます。

- もう一度さっきの曲を聴きます。バックにずっと続いているリズムを一緒に小さく打ってみましょう。
- へー
- 本当に5拍子だ！
- 5拍子なんて, ないのかと思ってたわ。
- みんなの手拍子に合わせて, 先生が「1, 2, 3, 4, 5」と繰り返してみますよ。
- ということは, 7拍子とか9拍子なんていうのも, あるのかなあ。

他の5拍子の曲を聴きます。

- では, 別の5拍子の曲を聴いてみましょう。
- さっきの3＋2の指揮をしてみて, 本当に5拍子か確かめてください。

鑑賞 聴いてみよう！

CD ポール・デスモンド作曲：「テイク・ファイブ」（ジャズ）

（熊木）

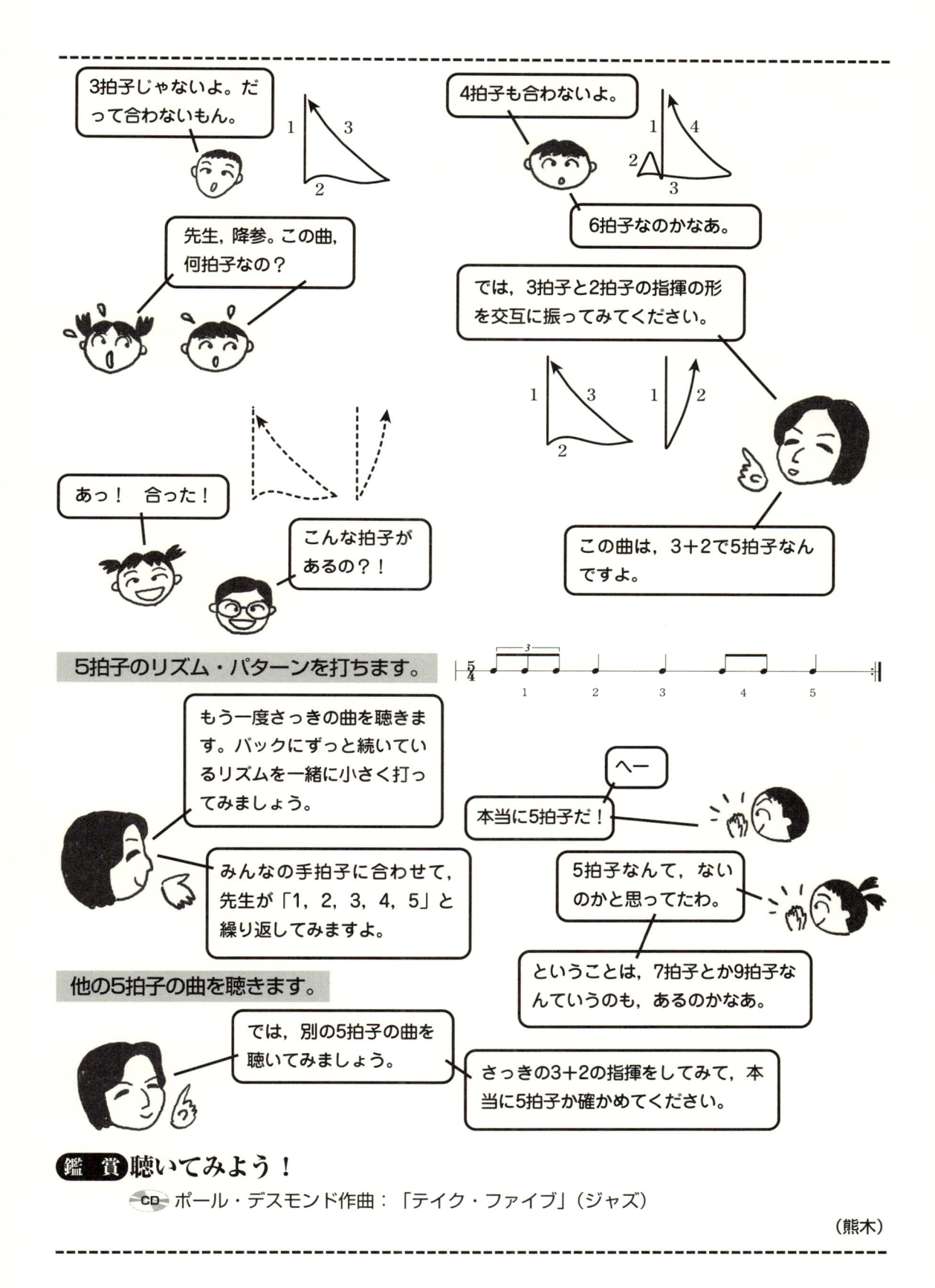

いろいろな拍子
──ポリリズムの音楽

対　象●高学年以上
ねらい●音楽の中にある〈ポリリズム〉を聴き取ります

言葉遊びを通して、ポリリズムを体験します。

今日は、言葉を使ってリズム遊びをします。

先生が手拍子を打ちますから、そこに〈メロン〉と入れて言ってみましょう。

＊教師は♩＝50〜60くらいで手拍子。はじめは例を示します。

よくできました。次は〈ナシ〉でやってみましょう。

そう、うまくできたね。ではクラスをA組とB組に分けます。A組は〈メロン〉、B組は〈ナシ〉でいきます。今度は言葉でなく、手拍子でやってみましょう。

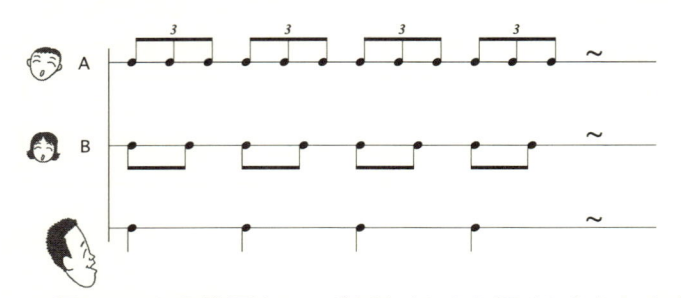

＊慣れてきたら教師はテンポを速くしたり遅くしたりします。

- 何だかずれてるみたい
- むずかしくて相手につられそう！
- これってピッタリ合ってるって言える？

> そうだね。何だか複雑なリズムだね。このように，一見したところピッタリ合わないようなリズムが同時進行することを〈ポリリズム〉といいます。

音楽の中にある〈ポリリズム〉を聴き取ります。

> これから，ポリリズムでできている音楽を聴きます。みんなに，まず楽譜を見せます。

Allegretto

> ホントだあ。2と3が同時に進んでるー！！

> では聴いてみましょう！！

鑑賞 聴いてみよう！

🎵 ショパン作曲：『3つの新しいエチュード』より「エチュード第2番」

> もう一度聴いてみます。今度は2か3を選んで音楽に合わせて指を机にタップさせてみましょう。

（髙倉）

第4章 ●ぐっとくる意外な聴き方● 105

テンポの変化
——日本の音楽

対　象●高学年以上
ねらい●テンポが一定ではなく，変わっていくことを聴き取ります

「六段の調」の唱歌(しょうが)を知ります。

- 今から先生がある曲の最初の部分を歌います。まねして歌ってください。
- どんな曲かな？
- テーエントンシャン，イヤシャシャコーロリチトンコーロリンシャン
- テーエントンシャン……？
- 先生，これ，どういう曲なんですか？

「六段の調」の最初の部分を聴きます。

- 今，歌ったところは，「六段の調べ」という，おことの曲の最初のところです。聴いてみましょう。

鑑賞 聴いてみよう！
　　🅲🅳 八橋検校作曲：「六段の調」

テーエン　　　　（イヤ）　　　　　コ〜ロリチ　　トン……
　　　トン　　　　　　シャシャ
　　　　シャン

- 本当にテーエントンシャンって聞こえてきたよ。

CDと一緒に唱歌で歌ってみます。

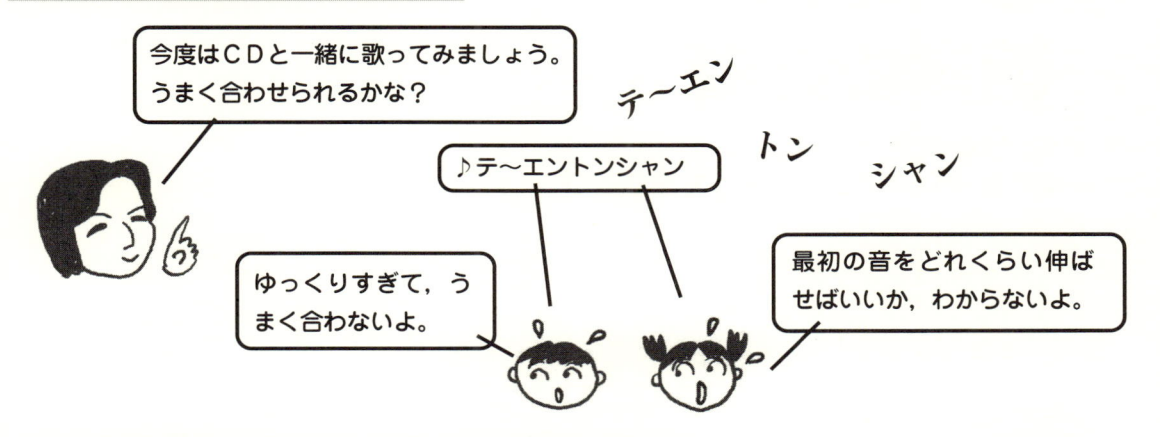

- 今度はCDと一緒に歌ってみましょう。うまく合わせられるかな？
- ♪テ〜エントンシャン
- テ〜エン　トン　シャン
- ゆっくりすぎて，うまく合わないよ。
- 最初の音をどれくらい伸ばせばいいか，わからないよ。

「六段の調」をテンポに気をつけて最後まで聴きます。

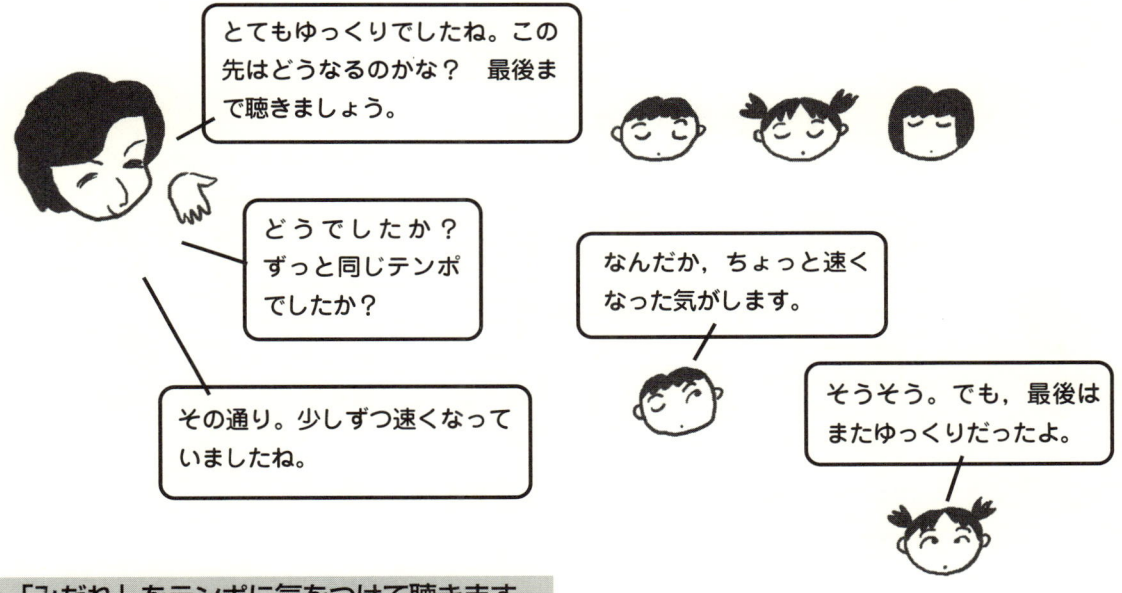

- とてもゆっくりでしたね。この先はどうなるのかな？　最後まで聴きましょう。
- どうでしたか？ずっと同じテンポでしたか？
- その通り。少しずつ速くなっていましたね。
- なんだか，ちょっと速くなった気がします。
- そうそう。でも，最後はまたゆっくりだったよ。

「みだれ」をテンポに気をつけて聴きます。

鑑賞　聴いてみよう！

CD 八橋検校作曲：「みだれ」

シャッテン　シャッテン

- では，もう1つおことの曲を聴きましょう。この曲の速さは，どうなるかな？
- やっぱり速くなってる！

(熊木)

テンポの変化
──西洋の音楽

対　象●中学年以上
ねらい●テンポの変化を感じ取って聴きます

速さに注意して「カリンカ」（ロシア民謡）を聴きます。

「カリンカ」という曲を知っていますか？
この曲はロシアの民謡ですから，歌の曲です。今日は，これを楽器で演奏したものを聴きます。

〈速さ〉に注意して聴きましょう。

鑑賞 聴いてみよう！

　🅲🅳 ロシア民謡：「カリンカ」（楽器で演奏しているもの）

〈速さ〉について気がついたことがあったら教えてください

知ってるメロディーだったよ。

だんだん速くなっていた。

そうですね。速さが変わっていましたね。

速くなったり遅くなったりしていたよ。

速さに合わせて手や体を動かしながら「カリンカ」を聴きます。

では，もう一度聴いて速さが変わっているかを確かめてみましょう。

今度は，音楽の速さに合わせて，手や体を動かしながら聴きましょう。

楽しそう！！

鑑賞 聴いてみよう！

　🅲🅳 ロシア民謡：「カリンカ」

速さに合わせるのが，おもしろかったよ。

みなさん，手や体を動かす速さが，変わっていましたね。

ブラームス作曲「ハンガリー舞曲第5番」を聴きます。

「カリンカ」と同じように速さが変わる曲を聴きます。

今度も，速さが変わるところに注意して聴きましょう。

「カリンカ」と同じように，だんだん速くなったり，遅くなったりするのかな？

鑑賞 聴いてみよう！

🄯 ブラームス作曲：「ハンガリー舞曲 第5番」（全曲）

どうでしたか？ 速さが変わるのがわかりましたか。

速さが変わるのがよくわかったよ。

わかった。

動いても，よかったの？

手や体が動いている人もいましたね。いいですねー！

この曲も，だんだん速くなったり，遅くなったりしていたよ。おもしろい！！

「ハンガリー舞曲第5番」を，体を動かしながら聴く。

それでは今度は「カリンカ」と同じように速さに合わせて，体を動かしながら聴きましょう。

手で，拍子を取りながら聴いてもいいですよ。

速さに合わせるんだね。

よし！！ ぼくは指揮者になって動いてみよう！！

鑑賞 聴いてみよう！

🄯 ブラームス作曲：「ハンガリー舞曲第5番」

みなさん，曲の速さに合わせて，動けましたね。

速さが，変わるところをよく聴けました。

今日，聴いたのはブラームス作曲の「ハンガリー舞曲第5番」という曲でした。

[参考曲] 🄯 モンティ作曲：「チャールダッシュ」
サラサーテ作曲：「チゴイネルワイゼン」
ブラームス作曲：「ハンガリー舞曲 第6番」

（中島）

後打ちの音楽

対　象●中学年以上
ねらい●強弱強弱のリズムとは逆のアクセントをもつ，弱強弱強のリズムでできている音楽を聴きます

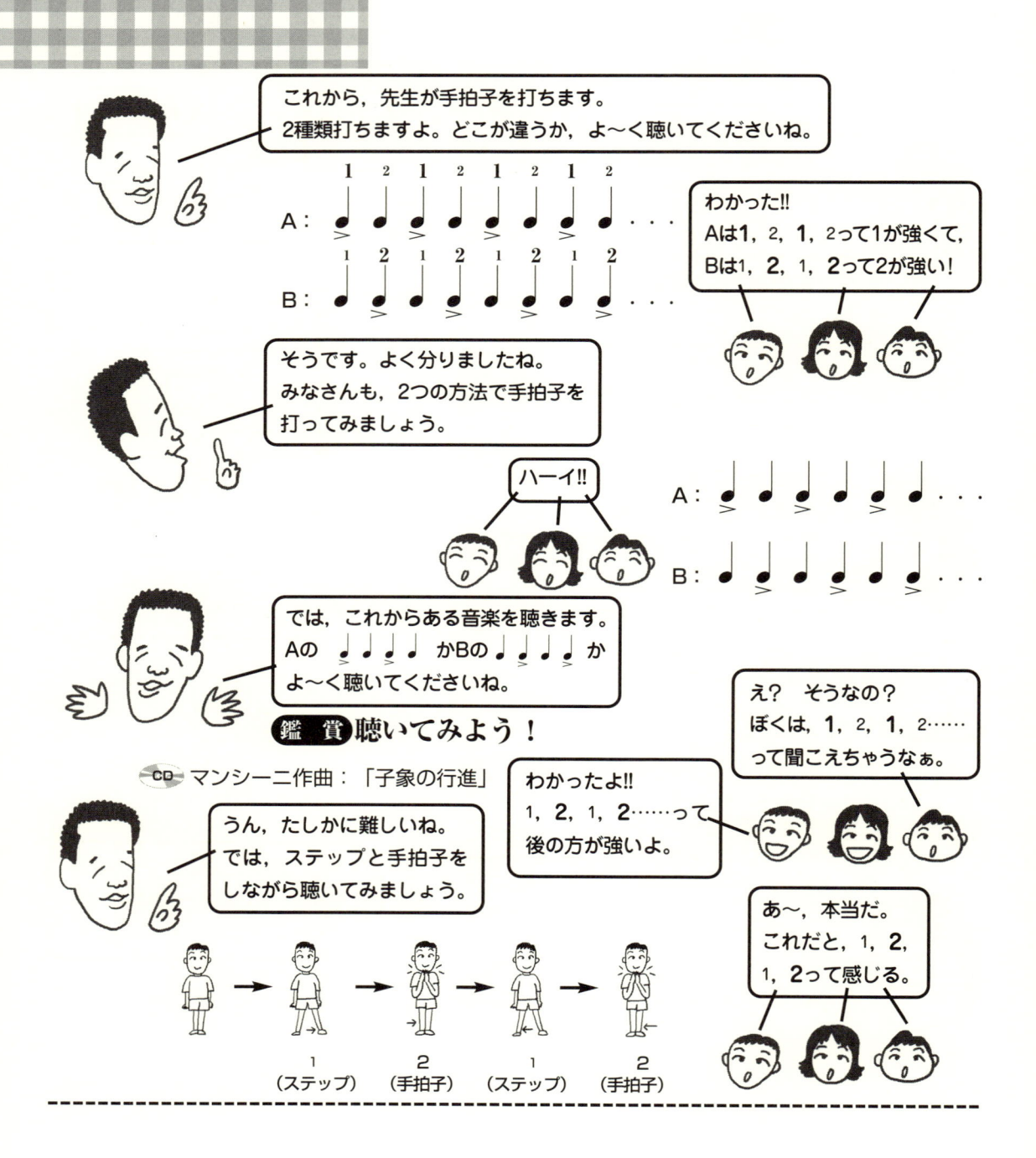

これから，先生が手拍子を打ちます。
2種類打ちますよ。どこが違うか，よ〜く聴いてくださいね。

わかった!!
Aは1，2，1，2って1が強くて，
Bは1，2，1，2って2が強い！

そうです。よく分りましたね。
みなさんも，2つの方法で手拍子を
打ってみましょう。

ハーイ!!

では，これからある音楽を聴きます。
Aの♩♩♩♩かBの♩♩♩♩か
よ〜く聴いてくださいね。

鑑　賞　聴いてみよう！

CD マンシーニ作曲：「子象の行進」

わかったよ!!
1，2，1，2……って
後の方が強いよ。

え？　そうなの？
ぼくは，1，2，1，2……
って聞こえちゃうなぁ。

うん，たしかに難しいね。
では，ステップと手拍子を
しながら聴いてみましょう。

あ〜，本当だ。
これだと，1，2，
1，2って感じる。

1（ステップ）　2（手拍子）　1（ステップ）　2（手拍子）

110

このように，リズムには，同じ1，2，1，2……でも1に強さを感じるものと，2に強さを感じるものがあるのですね。

みなさんが知っている歌にも2が強い（後打ちの）音楽はありませんか。さがしてみましょう。

「気球に乗ってどこまでも」もそうだよ！

あったよ，先生!!「グリーングリーン」がそうかな？

よく見つけましたね。では，さきほどやったステップと手拍子をしながら歌ってみましょう。

では，次にある音楽を聴きます。この音楽には，1，2，1，2という具合に1が強く感じる部分と，その逆に1，2，1，2と2が強く感じる部分の両方があります。聴き分けてみましょう。

鑑賞 聴いてみよう！

CD ガーシュイン作曲：「ラプソディー・イン・ブルー」（ピアノ独奏の前まででも可）

[参考曲] CD ビートルズ，カーペンターズなどの多くのヒット作品
ランデル＆リンザー作曲：「ラバース　コンチェルト」
（伝バッハ／ペツォルト作曲「メヌエット」を編曲したもの）

(髙倉)

Dr.ぴ～3～のワンポイントアドバイス

私たちの身の回りには常に〈表〉と〈裏〉があります。音楽のビート（拍）にもそれがいえます。「強・弱」の繰り返しでできている音楽と，それとは逆に「弱・強」の繰り返しでできている音楽があります。クラシック音楽では主に前者が使われ，ジャズ・ポップスでは後者が多いようです。後者のリズムはオフビート，アフタービート，バックビートなどと呼ばれています。現在，世界の人々が日常耳にする音楽の9割以上はポップスだと言われています。学校で歌う曲も最近はポップス調が多いですね。前者・後者のどちらが優れた音楽か考えるのではなく，その両方の良さをありのまま受け入れてみることも大切です。

「ラプソディー・イン・ブルー」には，その両方が入っています。

休符も音楽

対　象●中・高学年
ねらい●休符を感じて歌ったり聴いたりします

中島光一作詞・作曲「大きなうた」を2種類の楽譜で歌います（同じ和音伴奏で）。
＊①②の楽譜を掲示します。

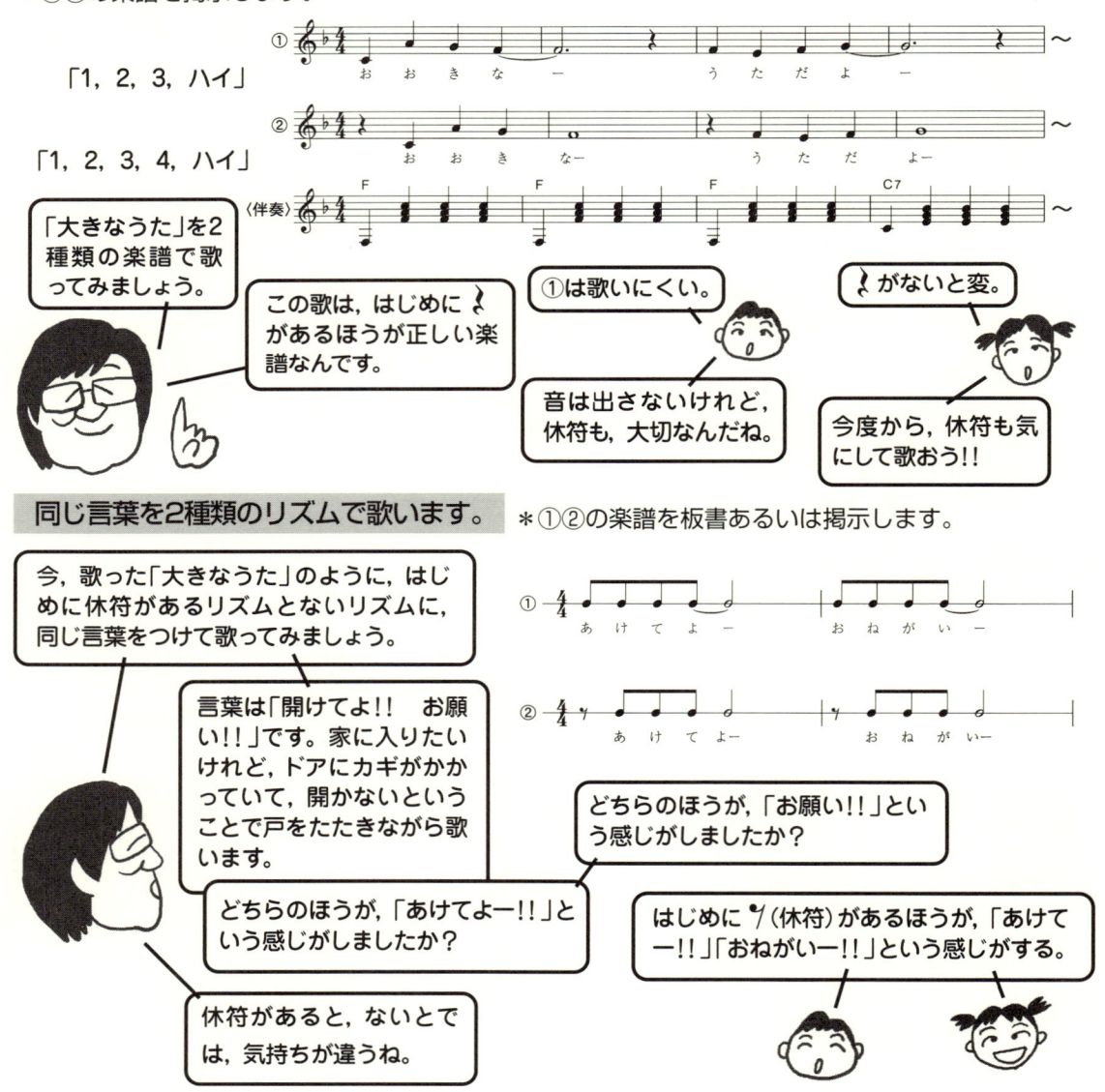

「1, 2, 3, ハイ」

「1, 2, 3, 4, ハイ」

- 「大きなうた」を2種類の楽譜で歌ってみましょう。
- この歌は，はじめに♪があるほうが正しい楽譜なんです。
- ①は歌いにくい。
- 音は出さないけれど，休符も，大切なんだね。
- ♪がないと変。
- 今度から，休符も気にして歌おう！！

同じ言葉を2種類のリズムで歌います。　＊①②の楽譜を板書あるいは掲示します。

- 今，歌った「大きなうた」のように，はじめに休符があるリズムとないリズムに，同じ言葉をつけて歌ってみましょう。
- 言葉は「開けてよ！！ お願い！！」です。家に入りたいけれど，ドアにカギがかかっていて，開かないということで戸をたたきながら歌います。
- どちらのほうが，「あけてよー！！」という感じがしましたか？
- 休符があると，ないとでは，気持ちが違うね。
- どちらのほうが，「お願い！！」という感じがしましたか？
- はじめに♪（休符）があるほうが，「あけてー！！」「おねがいー！！」という感じがする。

リズムに音程をつけて歌います

＊①②の楽譜を板書あるいは掲示します。

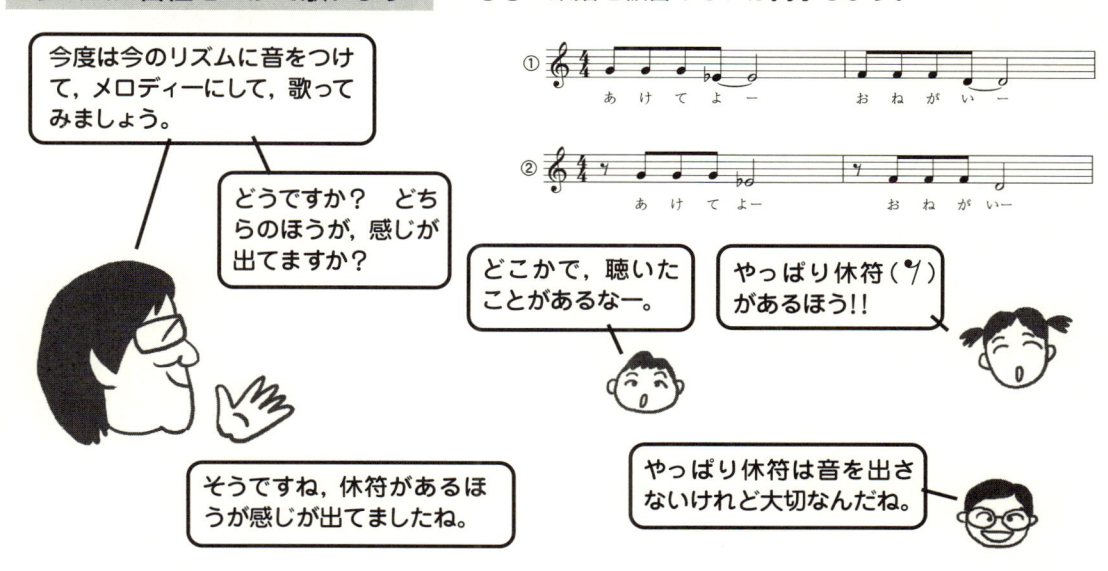

- 今度は今のリズムに音をつけて，メロディーにして，歌ってみましょう。
- どうですか？ どちらのほうが，感じが出てますか？
- どこかで，聴いたことがあるなー。
- やっぱり休符（𝄽）があるほう！！
- そうですね，休符があるほうが感じが出てましたね。
- やっぱり休符は音を出さないけれど大切なんだね。

休符を感じて交響曲第5番『運命』第1楽章を聴きます。

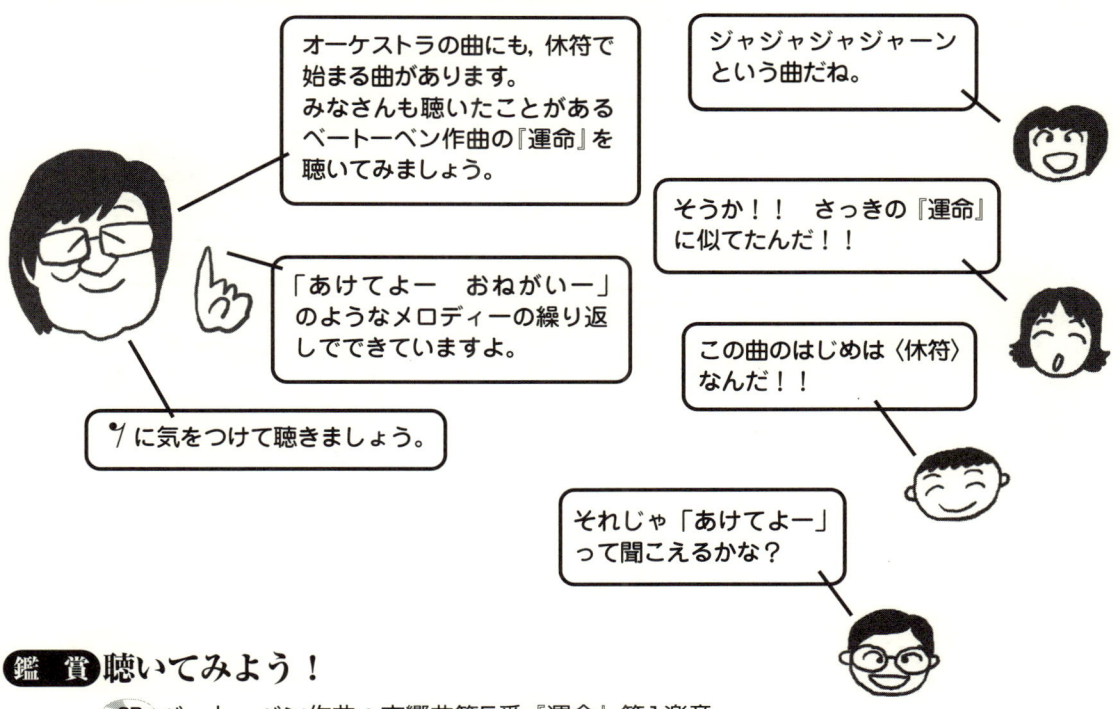

- オーケストラの曲にも，休符で始まる曲があります。みなさんも聴いたことがあるベートーベン作曲の『運命』を聴いてみましょう。
- ジャジャジャジャーンという曲だね。
- そうか！！ さっきの『運命』に似てたんだ！！
- 「あけてよー　おねがいー」のようなメロディーの繰り返しでできていますよ。
- この曲のはじめは〈休符〉なんだ！！
- 𝄽 に気をつけて聴きましょう。
- それじゃ「あけてよー」って聞こえるかな？

鑑賞　聴いてみよう！

CD ベートーベン作曲：交響曲第5番『運命』第1楽章

[参考曲] CD （歌唱）「森のくまさん」「夏の思い出」「気球に乗ってどこまでも」その他多数。
（鑑賞）ベートーベン作曲：交響曲第6番『田園』第1楽章，その他多数。

（中島，Dr.ひ〜ろ〜）

ライトモチーフ（示導動機）

対　象●中学年以上
ねらい●ライトモチーフを聴き取ります

既習曲「ブレーメンの音楽隊」（坪能由紀子作曲）を思い出します。
＊既習でなければ，物語の内容を説明して，登場する動物それぞれに以下の音楽がついていることを話します。あるいは，この活動を省略して，次の活動からでもよいです。

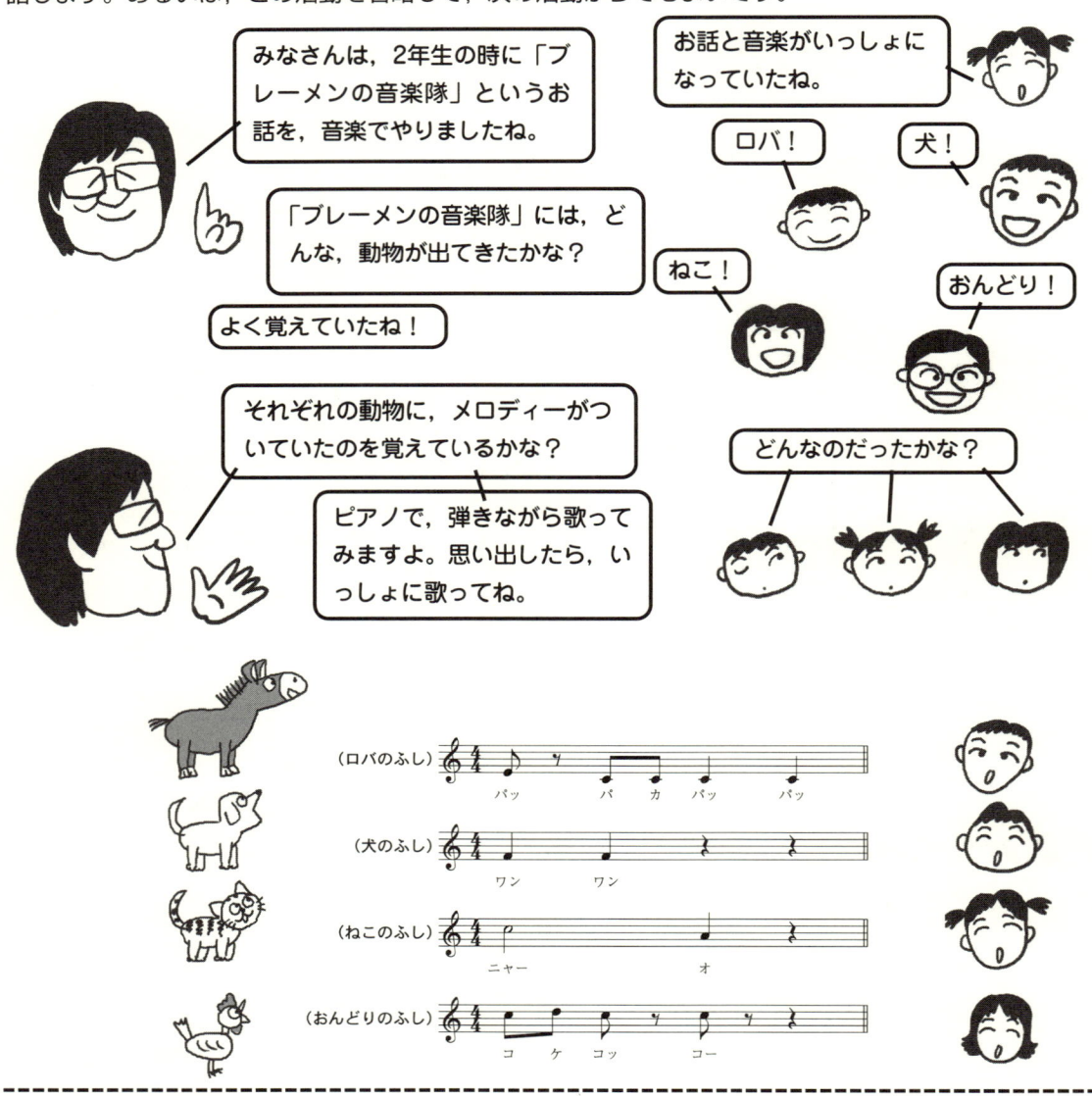

- みなさんは，2年生の時に「ブレーメンの音楽隊」というお話を，音楽でやりましたね。
- 「ブレーメンの音楽隊」には，どんな，動物が出てきたかな？
- よく覚えていたね！
- それぞれの動物に，メロディーがついていたのを覚えているかな？
- ピアノで，弾きながら歌ってみますよ。思い出したら，いっしょに歌ってね。

- お話と音楽がいっしょになっていたね。
- ロバ！
- 犬！
- ねこ！
- おんどり！
- どんなのだったかな？

（ロバのふし）　バッ　バ　カ　バッ　バッ
（犬のふし）　ワン　ワン
（ねこのふし）　ニャー　オ
（おんどりのふし）　コ　ケ　コッ　コー

プロコフィエフ作曲『ピーターとオオカミ』の登場人物と，そのメロディー（楽器）を知ります。

＊日本語のナレーションのもの

登場人物や場面などに，それぞれメロディーをつけて，物語を音楽で表した曲がたくさんあります。
これから聴く『ピーターとオオカミ』という曲も，このように作られています。

登場人物ごとにメロディーが決まっているんだ！！

＊板書する

> 登場人物（動物）：小鳥（フルート）／あひる（オーボエ）／ねこ（クラリネット）／ピーターのおじいさん（ファゴット）／オオカミ（3本のホルン）／ピーター（バイオリン，ビオラ，チェロ，コントラバス）／狩人（ティンパニ）

はじめに登場人物のメロディーが，紹介されます。登場人物から，1つ選んで〈メロディー〉か〈楽器の音〉を覚えてくださいね。

【鑑賞】聴いてみよう！
CD プロコフィエフ作曲：『ピーターとオオカミ』のはじめ，楽器紹介の部分

『ピーターとオオカミ』全曲を聴きます。

決めましたか？　では，決めた登場人物の絵のカードを，取りに来てください。自分の決めた音楽が出てきたら，カードを挙げてください。＊

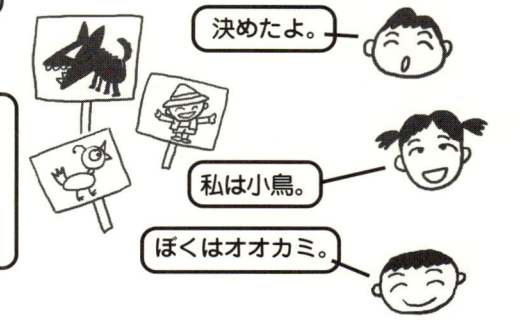

一緒に出てくることもありますよ。

決めたよ。
私は小鳥。
ぼくはオオカミ。

＊同じ登場人物を選んだ子どもごとにまとまって，グループで活動してもよいです。

【鑑賞】聴いてみよう！
CD プロコフィエフ作曲：交響的物語『ピーターとオオカミ』全曲

この曲のように，登場人物や場面を音楽で表わした曲は，他にもたくさんあります。

【参考曲】CD ワーグナー作曲：『ニーベルングの指環』
ベルリオーズ作曲：「幻想交響曲」
R・シュトラウス作曲：「ティル・オイレンシュピーゲルの陽気ないたずら」，その他多数

（中島，髙須）

音階でできた音楽

対　象●高学年
ねらい●曲の中で使われている音階を聴きます

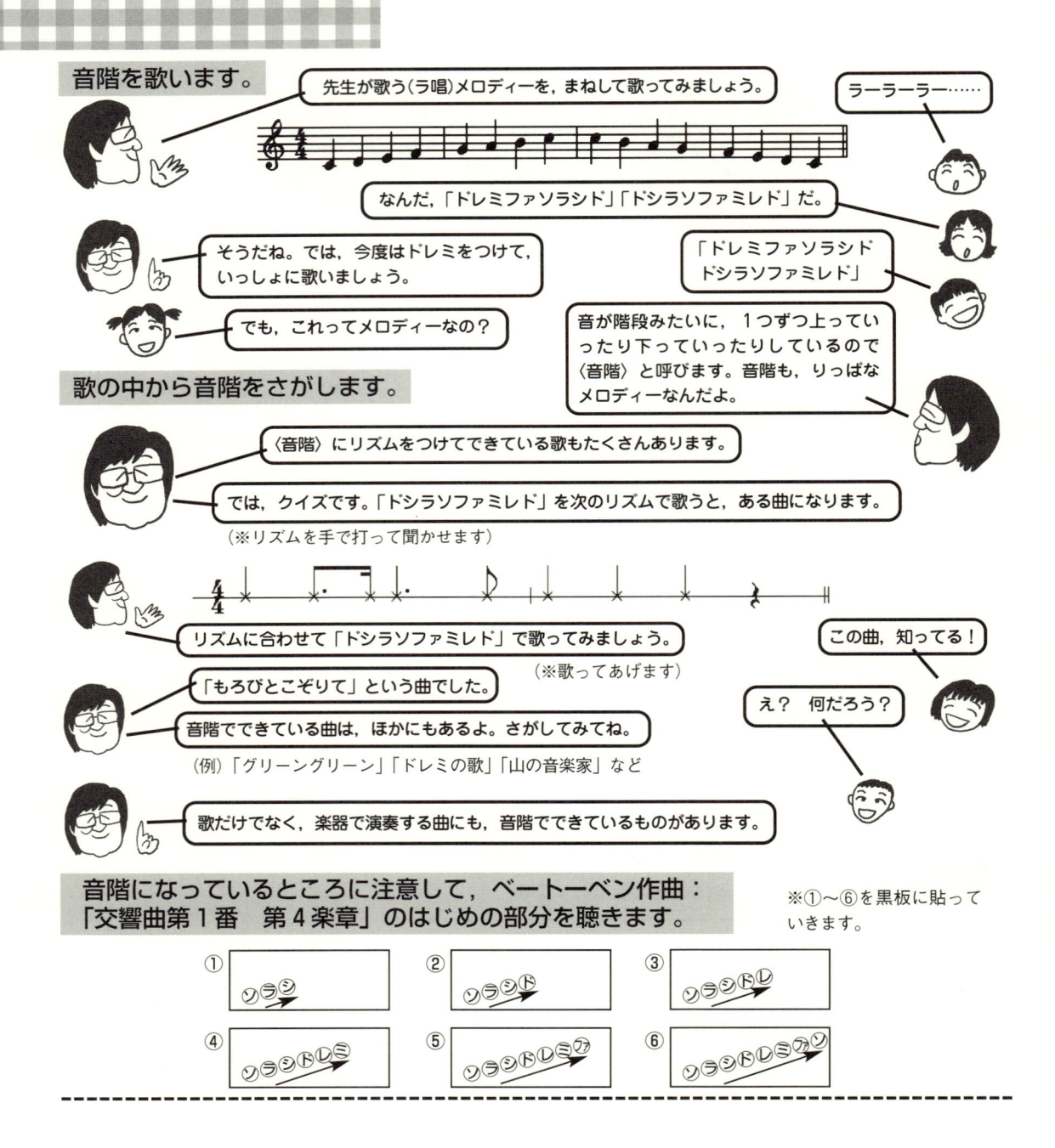

音階を歌います。

先生が歌う(ラ唱)メロディーを，まねして歌ってみましょう。

ラーラーラー……

なんだ，「ドレミファソラシド」「ドシラソファミレド」だ。

そうだね。では，今度はドレミをつけて，いっしょに歌いましょう。

「ドレミファソラシド　ドシラソファミレド」

でも，これってメロディーなの？

音が階段みたいに，1つずつ上っていったり下っていったりしているので〈音階〉と呼びます。音階も，りっぱなメロディーなんだよ。

歌の中から音階をさがします。

〈音階〉にリズムをつけてできている歌もたくさんあります。

では，クイズです。「ドシラソファミレド」を次のリズムで歌うと，ある曲になります。
（※リズムを手で打って聞かせます）

リズムに合わせて「ドシラソファミレド」で歌ってみましょう。
（※歌ってあげます）

この曲，知ってる！

「もろびとこぞりて」という曲でした。

え？　何だろう？

音階でできている曲は，ほかにもあるよ。さがしてみてね。
（例）「グリーングリーン」「ドレミの歌」「山の音楽家」など

歌だけでなく，楽器で演奏する曲にも，音階でできているものがあります。

音階になっているところに注意して，ベートーベン作曲：「交響曲第1番　第4楽章」のはじめの部分を聴きます。

※①～⑥を黒板に貼っていきます。

① ソラシ
② ソラシド
③ ソラシドレ
④ ソラシドレミ
⑤ ソラシドレミファ
⑥ ソラシドレミファソ

①と②をピアノで弾いてみます。発見したことがあったら教えてください。
では，②と③を弾いてみます。今度はどうですか。

音の階段が1つ増えてる。

そうですね。音の階段がだんだん長くなっていますね。

また増えてる。

実は，これはある曲のはじめの部分なのですよ。

1つずつ増えていく。

CD
では，この部分を聴いてみましょう。
①のところでは☝，②のところでは✌，③のところでは🤟というように，指で教えてください。

どうでしたか。だんだん長い階段になっているのがわかりましたか？
今度は何もしないで，もう一度聴いてみましょう。

よくわかったよ。

「交響曲第1番　第4楽章」をはじめから最後まで聴きます。

この曲は，みんなもよく知っているベートーベンが作曲した，「交響曲第1番　第4楽章」のはじめの部分です。今聴いたように，音階が中心になってできています。
今度は最後まで聴きます。上り坂の音階もあれば，下り坂の音階もあります。それから，高い音の音階もあれば，低い音の音階もあります。

高い音の音階や低い音の音階もあるんだ。

上り坂だけじゃないんだ，下り坂もあるんだ。

CD
では，最後まで聴いてみましょう。
みなさんはどれくらい〈音階〉を見つけることができるかな。

たくさん聴こえたよ。

〈音階〉見つけられたかな？

速いのや遅いのもあったよ。

今日は，音階でできた曲を聴きました。

CD 【参考曲】サン・サーンス作曲：『動物の謝肉祭』より「白鳥」
　　　　　　レスピーギ作曲：『ローマの松』より「アッピア街道の松」
　　　　　　チャイコフスキー作曲：「弦楽のためのセレナード」より　第1楽章

(中島)

Dr.ぴ～3～のワンポイントアドバイス

　高さの違う音の素材を高さの順に並べたものを音階といいます。しかしそれは時代や音楽文化圏によって異なります。ここでは鑑賞の時間や，日常よく耳にするドレミファソラシの七音音階〈全音階〉を取り上げています。
　1つの音階には〈上り坂〉と〈下り坂〉があります。リズムが加わり，その音階が順番に上がったり，下がったり，または跳躍で上り下りしたり，デコボコでもなだらかに進む〈組合せ〉から，メロディーが生み出されているのです。上がりっぱなし（反対に下がりっぱなし）の音楽，というものはありません。そこにハーモニーも加わると，音階を繰り返すだけでも音楽が豊かに拡がっていきます。それがはっきり出て全体を形づくっている音楽は，古典派の音楽にもよく見られます。

音楽にもある起承転結

対　象 ● 中学年
ねらい ● 曲の中のヤマを感じとって聴きます

鑑賞 聴いてみよう！

CD ベートーベン作曲：「エリーゼのために」
（P60参照）

> きょうは，みんなのよく知っている曲を聴きましょう。この曲です。

> 今からこの曲を4つに分けて聴きます。どこかで大きく感じが変わります。それは何番目かな？

> 知ってる！
> 「エリーゼのために」だ！
> オルゴールにあるよ！

＊楽譜は子どもに見せるのではなく，聴いて感じ取らせます。

シ〜ン

① ここかな？　ちょっと変わった

②

③ 全然ちがう　きっとここだ！

④ 最初と同じ感じになった

> さぁ，大きく変わったと感じたのは，何番目でしたか？

> ハイ　ハイ　ハイ
> 3番目だよ！
> 絶対3番目！

「3番目と感じた人が多いですね。どうして3番目と感じたのかな？他のところと3番目を比べて、考えてみましょう。」

「3番目は、なんだかほかより音が低いよ。」

「音も大きいし。」

「そう、それに、同じ音がダダダダ…って続いているよ。」

「それまでタラタラタラ…だったのに、ジャーン、ジャーンになった。」

「なんだか、大事件になったみたい。でもそのあとは、また静かになるよ。」

「みんな、とてもよく比べられましたね。では、ちょっとこのマンガを見てください。「エリーゼのために」と似ている点があるのがわかりますか？」

「え～っ」

① なにかが始まって…（起）

② それが続いて発展して…（承）

③ ここで大きく変わることがあって…（転）

④ その結果、こうなった。（結）

「ほらね、やっぱり3番目で大きく変わっているでしょ？」

「こういう形を〈起承転結〉といいます。」

「へ～え～」

「このように、〈起承転結〉でできているものは、音楽やマンガ、お話などにたくさんみられます。」

「では、〈起承転結〉でできている曲を、もう1つ聴いてみましょう。」

「みんなの好きな「君をのせて」の歌も、〈起承転結〉でできていますよ。」

【参考曲】CD　シューマン作曲：『子供の情景』より「トロイメライ」
　　　　　フォーレ作曲：「夢のあとに」

（熊木）

Dr.ひ～３～のワンポイントアドバイス

　今回は、音楽の〈起承転結〉に目を向けてみました。「エリーゼのために」は、基本的にはA-B-Aの三部形式でできています。でも、音楽はいろいろな聴き方ができるものです。この曲は、はじまりの部分（起）が受け継がれ（承）、そしてヤマ場（転）にさしかかり、しめくくられ（結）ていきます。子どもたちは、〈転〉の部分にクライマックス（ヤマ）が来たことに気付いたようですね。
　教科書の〈文部省唱歌〉の多くも、〈起承転結〉がはっきりした曲です。音楽の中でも、メロディーの印象的な曲に、こうした〈起承転結〉のよく分かる作品が多いようです。

第4章●ぐっとくる意外な聴き方●119

クライマックスはどこに？

対　象●低学年以上
ねらい●曲のヤマを強弱の変化から感じ取ったり，強弱でヤマを工夫したりします

強弱の変化から曲のヤマを感じとる

今から聴く曲は，大勢の人が行進するときの音楽です。何かがどんどん変わっていきます。それは何かな？

鑑賞 聴いてみよう！

CD ベートーベン作曲：「トルコ行進曲」

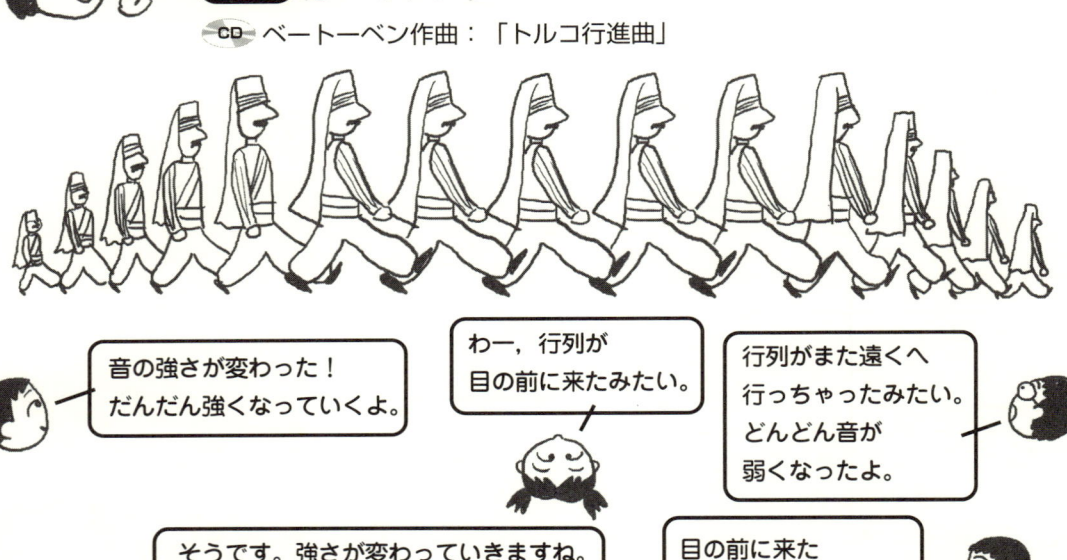

音の強さが変わった！だんだん強くなっていくよ。

わー，行列が目の前に来たみたい。

行列がまた遠くへ行っちゃったみたい。どんどん音が弱くなったよ。

そうです。強さが変わっていきますね。いちばんもりあがったのはどこ？

目の前に来たみたいなところー！

いちばん強くなったところー！

では，もう一度，曲の強さに合わせて下のリズムで手を打つまねをしながら聴きましょう。

pp una corda

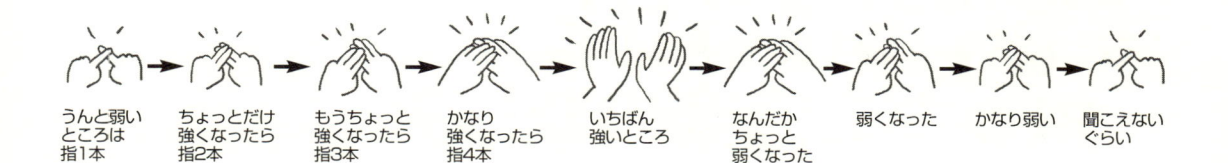

うんと弱い / ちょっとだけ / もうちょっと / かなり / いちばん / なんだか / 弱くなった / かなり弱い / 聞こえない
ところは / 強くなったら / 強くなったら / 強くなったら / 強いところ / ちょっと / / / ぐらい
指1本 / 指2本 / 指3本 / 指4本 / / 弱くなった

手拍子で曲のヤマをつくる

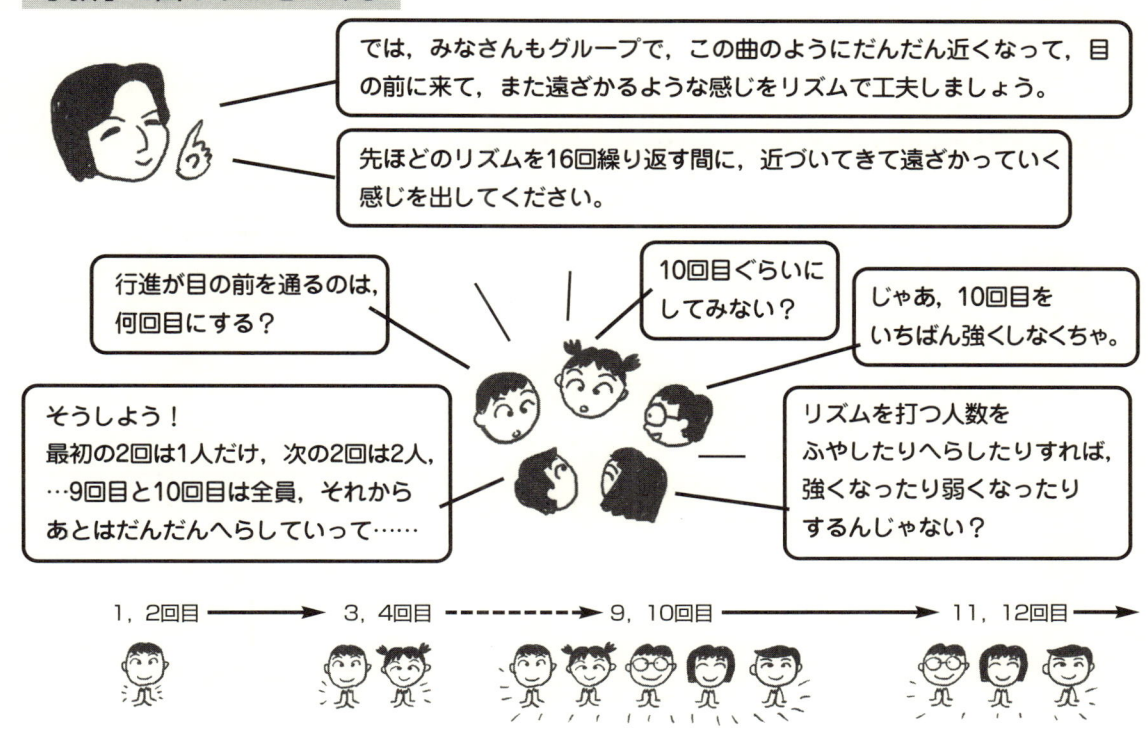

では，みなさんもグループで，この曲のようにだんだん近くなって，目の前に来て，また遠ざかるような感じをリズムで工夫しましょう。

先ほどのリズムを16回繰り返す間に，近づいてきて遠ざかっていく感じを出してください。

行進が目の前を通るのは，何回目にする？

10回目ぐらいにしてみない？

じゃあ，10回目をいちばん強くしなくちゃ。

そうしよう！最初の2回は1人だけ，次の2回は2人，…9回目と10回目は全員，それからあとはだんだんへらしていって……

リズムを打つ人数をふやしたりへらしたりすれば，強くなったり弱くなったりするんじゃない？

1, 2回目 → 3, 4回目 ---→ 9, 10回目 → 11, 12回目 →

別の曲でもヤマを聴き取る

すばらしい！うまくヤマができましたね。

では，同じようなしかけでできている曲を，もう1つ聴いてみましょう。

鑑賞 聴いてみよう！

🄲🄳 ムソルグスキー作曲：『展覧会の絵』（ラベル編曲）より「ビドロ（牛車）」

(熊木)

Dr.ひ～ろ～のワンポイントアドバイス

ドラマでも音楽でも〈ヤマ場〉のあるものが多いですね。クライマックスと言ってもよいでしょう。トルコ行進曲は，遠くから近づき，私たちの目の前で堂々と演奏し，帰っていく曲です。1つのふしやメロディーを繰り返しながら，楽器や音量を増やしたり減らしたりする工夫がされています。
　音楽には，ヤマ場をつくらずリズムやメロディーを淡々と続け，その中で気持ちが高ぶるように仕掛けがつくられているものもあります。いろいろな視点から音楽のヤマ場を発見してみましょう。

音楽におけるサビ
―ポップス音楽の楽しみ

対　象●中学年以上
ねらい●ポップス音楽における〈サビ〉を聴き取ります

子どもたちが知っている音楽から〈サビ〉を見つけます。

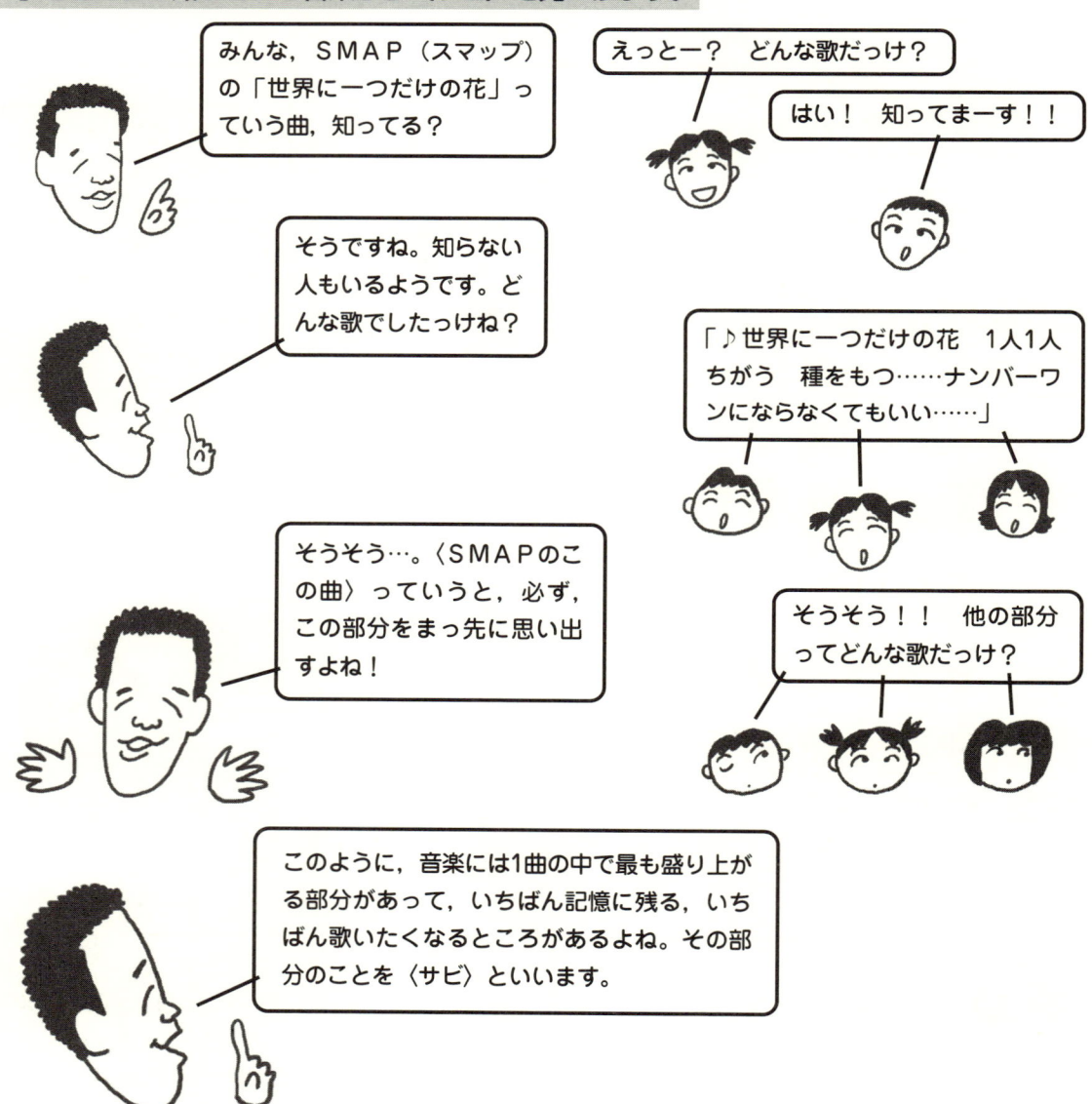

- みんな、SMAP（スマップ）の「世界に一つだけの花」っていう曲、知ってる？
- えっとー？　どんな歌だっけ？
- はい！　知ってまーす！！
- そうですね。知らない人もいるようです。どんな歌でしたっけね？
- 「♪世界に一つだけの花　1人1人ちがう　種をもつ……ナンバーワンにならなくてもいい……」
- そうそう…。〈SMAPのこの曲〉っていうと、必ず、この部分をまっ先に思い出すよね！
- そうそう！！　他の部分ってどんな歌だっけ？
- このように、音楽には1曲の中で最も盛り上がる部分があって、いちばん記憶に残る、いちばん歌いたくなるところがあるよね。その部分のことを〈サビ〉といいます。

ポップス音楽を聴き，〈サビ〉を聴き取ります。

さあ，これからある音楽を聴きます。〈サビ〉の部分では，みんなはあるコトをしたくなるかも知れません。やってみましょう。

鑑賞 聴いてみよう！
CD 「Y.M.C.A」（ビレッジ・ピープル）

あっ！　知ってるーこの曲！！

Y　M　C　A

うん，やりたくなる。

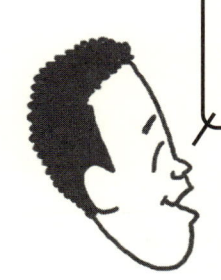

そうです！　その「Y.M.C.A」のところがサビの部分ですね。ところでサビは曲のどのあたりに出てきましたか？

中間から終わりにかけてかな？

ん？　SMAPの「世界に一つ……」ははじめからサビが出てきたよ！！

そうなんです。サビは曲の途中から終わりにかけて出てくる曲もあれば，はじめから出てくる曲もあります。いろいろな曲を聴き比べて，サビがどのように出てくるか調べてみるのも楽しいですね。

【参考曲】 CD　ジョン・デンバー作曲：「カントリーロード」
レノン＆マッカートニー作曲：「レット・イット・ビー」

（髙倉，Dr.ひ〜ろ〜）

第4章●ぐっとくる意外な聴き方●123

さまざまな音楽の終わり方

対　象●中学年以上
ねらい●さまざまある音楽の終わり方に注意して聴きます

音楽の〈終わり方〉について考えます。

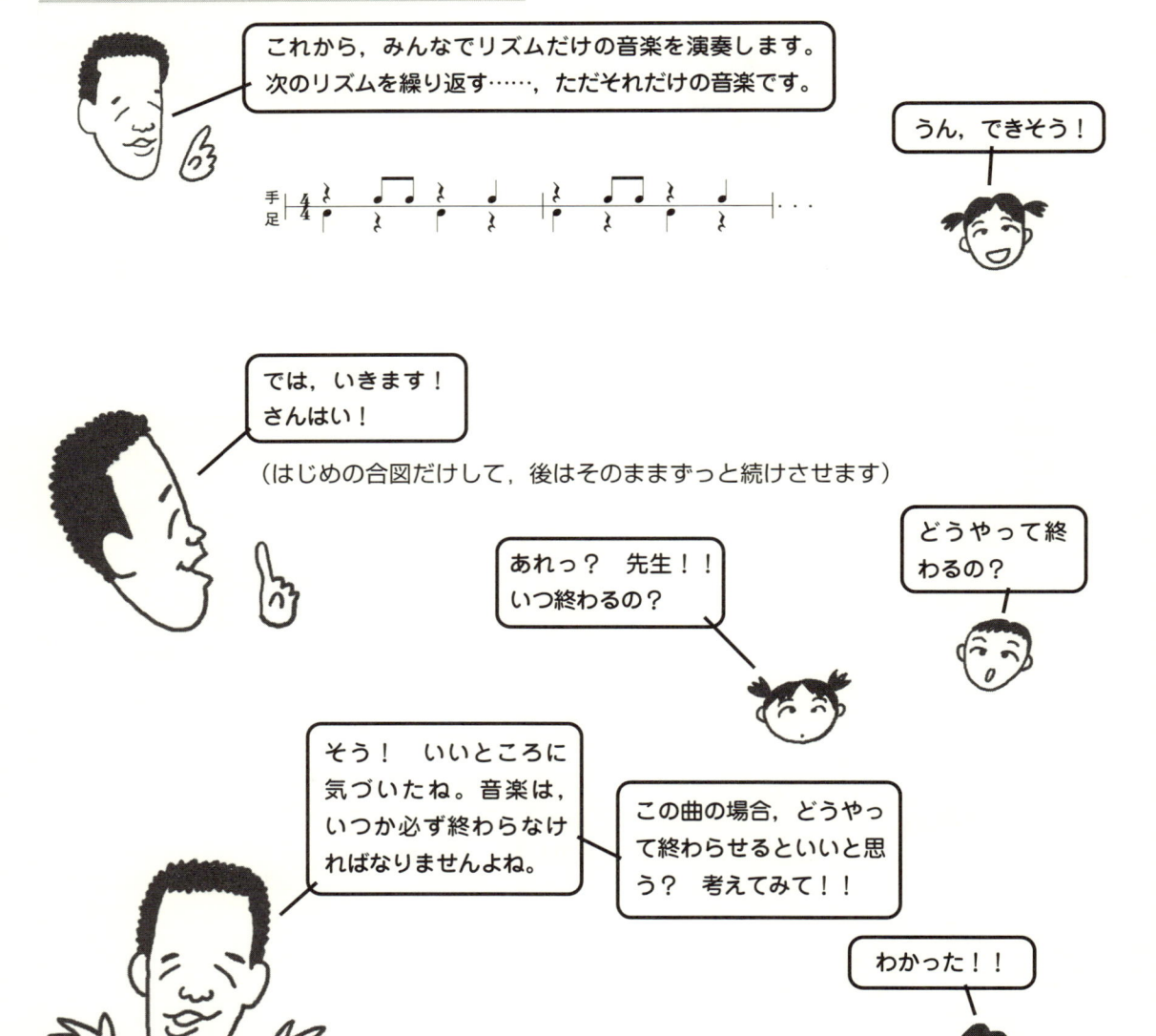

これから，みんなでリズムだけの音楽を演奏します。次のリズムを繰り返す……，ただそれだけの音楽です。

うん，できそう！

では，いきます！
さんはい！

（はじめの合図だけして，後はそのままずっと続けさせます）

あれっ？　先生！！
いつ終わるの？

どうやって終わるの？

そう！　いいところに気づいたね。音楽は，いつか必ず終わらなければなりませんよね。

この曲の場合，どうやって終わらせるといいと思う？　考えてみて！！

わかった！！

だんだん音を小さくしていく。

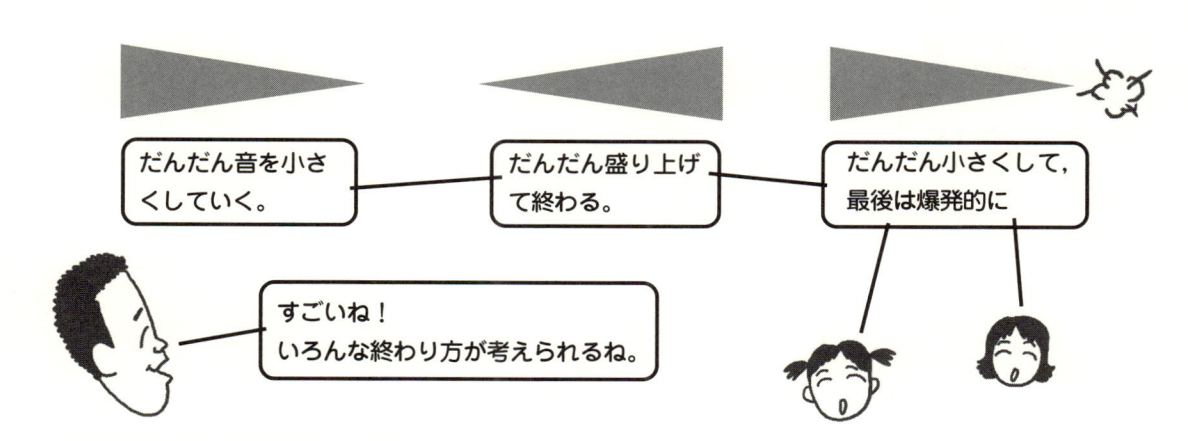

だんだん盛り上げて終わる。

だんだん小さくして,最後は爆発的に

すごいね！いろんな終わり方が考えられるね。

音楽を聴き,終わり方の違いを味わいます。

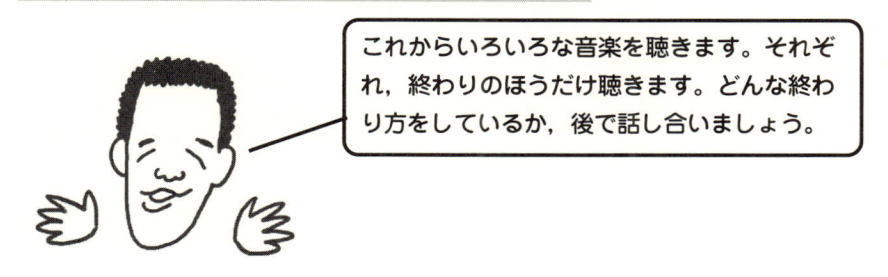

これからいろいろな音楽を聴きます。それぞれ,終わりのほうだけ聴きます。どんな終わり方をしているか,後で話し合いましょう。

鑑 賞 聴いてみよう！

CD　ムソルグスキー作曲：組曲『展覧会の絵』より「キエフの大きな門」
　　スメタナ作曲：交響詩『わが祖国』より「ブルタバ」（モルダウ）
　　ベートーベン作曲：交響曲第5番ハ短調『運命』より　第4楽章
　　ジョン・ウィリアムズ作曲：『スターウォーズ：ジェダイの復讐』より「ルークとレイアのテーマ」

私たちが考えた終わり方に似ていたね。

うん,同じのもあったよ。

さすが作曲家,私たちが思いつかないアイデアもあったよ！

(髙倉)

主鑑賞曲の解説

葉ずえを渡る鐘
(『映像第2集』より，1905)
クロード・アシル・ドビュッシー（1862～1918）

　ゆっくりした（レント）4分の4拍子で，冒頭の楽句（譜例1，まん中のパート）がまず8分音符で下行・上行を繰り返す。その上で速いパッセージ（譜例1，1段目，16分音符の3連符）がやはり同じようにうねるような下行・上行を繰り返す。さらに高音域で今度はメロディー（譜例1，いちばん上のパート）が歌い上げられる。この曲の静かで浮遊するような始まりの部分である。それらの独特の音の世界を形づくっている要素こそ，全音音階（譜例2）なのである。

譜例1

譜例2

　曖昧模糊とした音型は，繰り返され，少しずつ変化する中でいつのまにか輪郭をあらわにし，次第に五音音階へ，そして全音階的な和音の響きが導入される。しかしその姿をとらえることができたと思ったのもつかの間，音は再び調の世界から浮遊しながら消えていくのである。

ルーマニア民俗舞曲　第2曲
ベラ・バルトーク（1881～1945）

　『ルーマニア民俗舞曲』は，バルトークが34歳であった1915年の作品である。当時ハンガリー王国の一部であったルーマニアのトランシルバニア山地に住むルーマニア人の民俗舞踊を採譜したものがもとになっている。彼はコダーイとともにマジャール地方に端を発し，チェコ，ルーマニア，ユーゴスラビアなどの東欧諸国を巡って，民族音楽を何千曲と採譜した。その全体像は今なお不明と言われているが，彼の初期の作品には，この東欧諸国の民俗音楽に基づいたものが数多く残されている。
　『ルーマニア民俗舞曲』は元々はピアノ曲であったが，バイオリン曲，または弦楽合奏などにも編曲され，広く演奏されている。全6曲中，この第2曲は30秒ほどのごく短い作品。ブラウル（またはブランル）と呼ばれるトロンタール県の農民の踊りで，軽快で楽しげな雰囲気を持つ。ドリア旋法をもとにした**譜例3**のようなメロディーが2回繰

譜例3

り返され，それぞれにバルトークらしい和音が付けられている。ドリア旋法を特徴付ける第6音が醸し出す，独特の雰囲気を楽しみたい。

火星
（組曲『惑星』より）
グスタフ・ホルスト
（1874～1934）

管弦楽組曲『惑星』は，1914年に作曲が始められ1917年に完成した，ホルストの代表作である。元来，1火星，2金星，3水星，4木星，5土星，6天王星，7海王星の7曲から成り，それぞれにギリシャ神話の神になぞらえられた標題をもっている。

「火星」には「戦争をもたらすもの」との標題があり，執拗に繰り返される5拍子のリズム（**譜例4**）の上で，それぞれに性格の異なる3つの主題（**譜例5，6，7**）が華々しく展開していく。

譜例4

譜例5

譜例6

譜例7

エチュード第2番
（『3つの新しいエチュード』より）（1839）
フレデリック・ショパン（1810～1849）

ショパンの練習曲としては，12の練習曲op.10（1829－32），op.25（1832－36）がよく知られているが，それ以外に，いわば番外編的に残されているのが，この『3つの新しいエチュード』である。変イ長調で書かれたこの「第2番」では，左手の2分割のリズムの上に右手の3連符の三和音が重なる。2（左手）：3（右手）の一種のポリリズムが姿を現すのである（楽譜は105ページ参照）。このように同時に2：3の異なったリズム分割が現れる例は，同じ『3つの新しいエチュード』の「第1番」や「ワルツ第5番」（op42，**譜例8**）に，3（左手）：4（右手）の例としては「幻想即興曲」（op.66，**譜例9**）に見ることができる。ショパン以外にもドビュッシーが「アラベスク第1番」（1894，**譜例10**）の中で同じようなポリリズムを用いている他，ストラヴィンスキー，バルトーク，ヒンデミットなどによる20世紀の音楽にも，こうしたポリリズムは多用されている。またアフリカにも，ポリリズムを用いた多くの音楽がある。

譜例8

譜例9　Allegro agitato

譜例10　a tempo

六段の調
八橋検校
(1614〜1685)

　八橋検校は，八橋流箏曲の祖で，現在の生田流，山田流の直接の祖先でもある。彼は「六段の調」の他にも，13曲の箏組歌などを残し，また調弦や楽器の改良も行って，後世に大きな影響を与えている。

　検校というのは，この頃の座頭－勾当－検校から成る盲人の最高位で，箏曲の作曲家・演奏家に検校と名のつく人が多いのは，箏の専門職に盲人が多くたずさわっていたからである。

　「六段」は，日本の伝統音楽の中では数少ない絶対音楽，つまり歌詞もなく情景描写なども含んでいない作品の1つである。曲名が示すように6つの段に分かれていて，冒頭の換頭という部分を除けば，各段はすべて52拍でできている。曲が進むに連れてテンポは急速に速くなり，五段あたりでは最初の2倍以上になっていく。そして最後の部分でぐっとテンポを落とす。このテンポ設定の仕方に奏者や流派の特徴が現れる。初段の旋律が段を追うにつれて次第に変化していくので，一種の変奏曲ととらえることもできるだろう。

『ハンガリー舞曲』
第5番(1872)
ヨハネス・ブラームス
(1833〜1897)

　ブラームスの作品の中には，ハンガリーのジプシーの語法の認められるものも多い。若い頃ハンガリー生まれのバイオリニスト，エドゥアルト・レメニーのピアノ伴奏をしていたことがあり，その頃からジプシーの音楽に興味を持ち，その民謡を採集していたことがあった。ハンガリー音楽の影響は，彼の音楽の随所に見られるが，なんといってもハンガリーの民俗的な旋律を編曲した『ハンガリー舞曲』が，その代表的なものであろう。

　元々彼はピアノ連弾用にこの21曲のハンガリー舞曲を作曲したが，非常な人気を得た

譜例11　A Allegro

譜例12　Bのはやい部分　Vivace

譜例13　Bのゆっくりした部分　poco rit.　a tempo　poco rit.　a tempo

ために，後に何曲かをピアノ独奏用や管弦楽に編曲したのである。といってもこの第5番はブラームス自身の編曲ではない。

　ハンガリー舞曲中最も有名なこの第5番は，ジプシーの情熱と，ブラームスの高い芸術性が結合して生まれたといえるだろう。ジプシーの舞曲，チャルダッシュの様式がそのまま取り入れられ，ゆっくりとした〈ラッス〉の部分と，急速で激しい動きを持つ〈フリス〉の部分が交替して出てくる。曲全体の構成は，A－B－Aの複合三部形式になっている。

子象の行進
(1961)
ヘンリー・マンシーニ
(1924～1994)

　映画「ハタリ」は，アフリカ，タンガニーカで猛獣を生け捕りにして世界中の動物園の要請に応じている猛獣捕獲所のリーダーを中心に，そこで働く人々の様子をユーモラスに，また時に応じてスリリングに描いた作品である。この映画には，音楽監督・作曲をつとめたマンシーニの作品が9曲含まれていて，「子象の行進」はその1つである。アフリカの捕獲所のリーダーの後を慕って歩く3匹の子象の主題（**譜例14**）が，ポップス風のリズムにのって現れる。愉快でユーモラスな行進曲である。

　ラプソディー（狂詩曲）とは，民族的な色彩を帯びた自由な形式の器楽曲を指し，19, 20世紀にはリストの『ハンガリー狂詩曲』をはじめ，ブラームス，バルトークらの多くの作品がある。

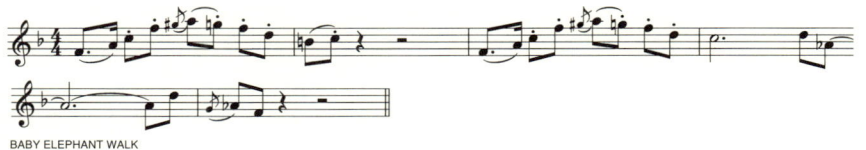

譜例14

BABY ELEPHANT WALK
Music by Henry Mancini
© Copyright by Sony/ATV Harmony
The rights for Japan licensed to Sony Music Publishing (Japan) Inc.

ラプソディー・イン・ブルー
ジョージ・ガーシュイン
(1898～1937)

　ガーシュインは，ポピュラー音楽に着想を得た交響的作品として，1924年にこの「ラプソディー・イン・ブルー」を書き，彼自身が初演（ピアノ）に加わった。

　当時のアメリカの都会で流行していたラグタイム風のノリのいい後打ちのリズム，南部の黒人労働者に歌われていたブルースに影響を受けたブルー・ノート・スケール（**譜例15**），ポピュラー音楽風の装飾的な奏法，そしてオーケストラとピアノの掛け合いなどが巧みに取り入れられた**譜例16～22**のような旋律が次々と現れる。それらをつなぐのは何度も現れる華麗なピアノのカデンツァ。この曲の半分くらいがカデンツァ

譜例15　ブルー・ノート・スケール（第3音と第7音の♭）

第4章●ぐっとくる意外な聴き方●129

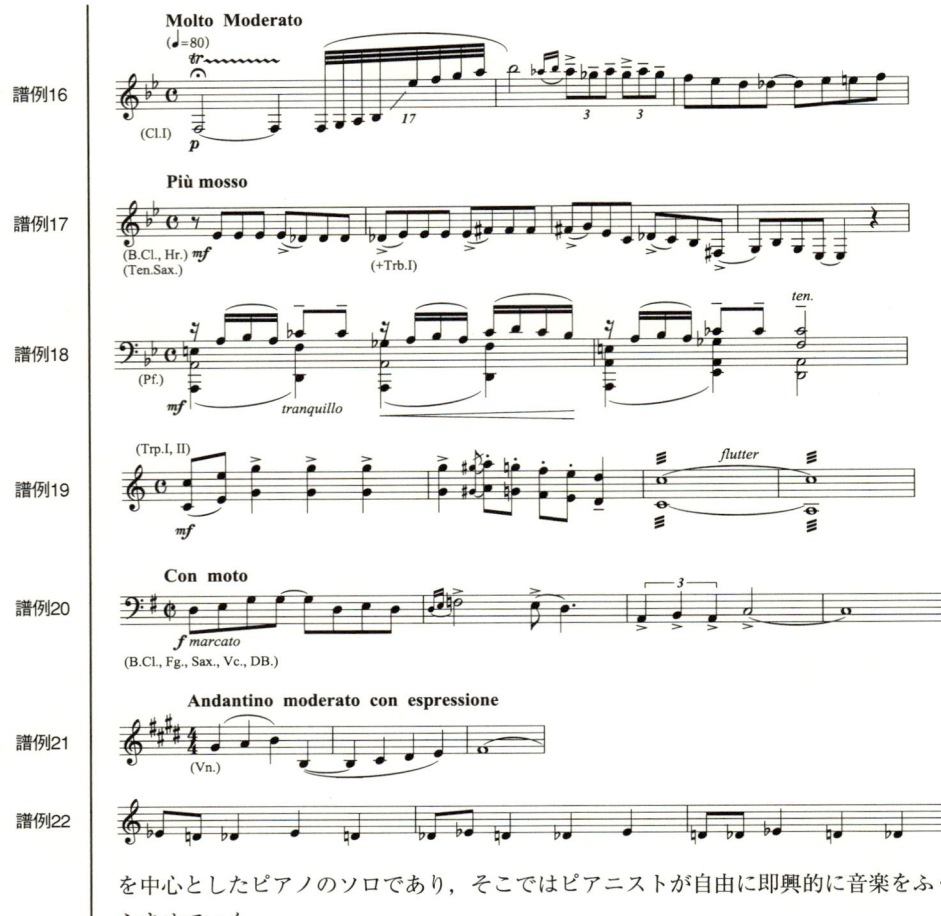

譜例16 Molto Moderato (♩=80) (Cl.I)

譜例17 Più mosso (B.Cl., Hr.) mf (Ten.Sax.) (+Trb.I)

譜例18 (Pf.) mf tranquillo ten.

譜例19 (Trp.I, II) mf flutter

譜例20 Con moto f marcato (B.Cl., Fg., Sax., Vc., DB.)

譜例21 Andantino moderato con espressione (Vn.)

譜例22

を中心としたピアノのソロであり，そこではピアニストが自由に即興的に音楽をふくらませていく。

中間部では，**譜例21**の甘いメロディーをバイオリンが奏で，それを受けるホルンの合いの手（**譜例22**）も，この曲を特徴付ける有名なパッセージである。この部分もピアノのカデンツァに受け渡された後，それまでに出てきた素材を回顧しつつ，曲は華麗に終結していく。

まさに第一次大戦後のアメリカの，万華鏡のような多様で自由な文化を象徴したかのような作品であろう。

交響曲第5番 ハ短調『運命』op.67 第1楽章
ルードビッヒ・ファン・ベートーベン
（1770～1827）

交響曲第5番は，1808年はじめに作曲されたと考えられ，その年の12月にウィーンで初演されている。第1楽章は，呈示部，展開部，再現部，コーダよりなるソナタ形式。冒頭の動機（**譜例23**）はさまざまな意味でこの曲を特徴づけるものである。

その第一の特徴は，動機の形そのものにある。たった4つの音の前に休符（8分休符）があり，それが重要な意味を持っている。この短い「ウン」の部分が次の開始音に大きな緊張感を与えるのである。112ページの「休符も音楽」の事例のように，休符のない音型とある音型を歌い比べてみるとその違いは一目瞭然であろう。また古今の指揮者たちの演奏がこの部分ほど異なることもまずなく，それぞれの演奏を比べてみるこ

譜例23

とも興味深い。

　ところでなぜか，私たち日本人の多くは〈ダダダダーン〉と，休符を無視してしまう。その謎を考えてみるのも面白い。

　冒頭の動機が，1楽章中絶えず繰り返されることも大きな特徴である。作曲家の黛敏郎はその回数を数え，この楽章の502小節の中で，285回繰り返されると分析している（注）。

　この動機はそのままの形で繰り返されるわけではない。あらゆる形で変化させられていく。一例を挙げると，この動機は**譜例23**のように前半（A）と後半（B）に分けることができるが，それ自体の音高を変えつつ，このAからBへの長3度の音程関係を変化させていく。たとえば曲の冒頭部だけをとってみても短2度，短3度，完全4度等に変わるだけでなく（**譜例24**），推移部に移るとそれは上行形となり，さらにストレッタとなって積み重ねられ（**譜例25**），第2主題になだれこんでいくのである。

譜例24

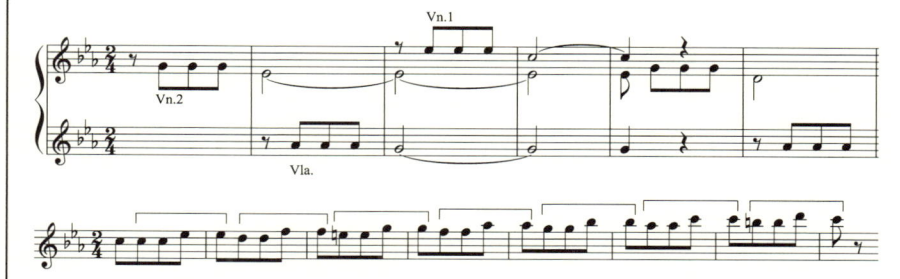

譜例25

　冒頭の動機が楽章中絶えず繰り返されること，そして音高だけでなく，楽器（音色），リズム，強弱等，音楽のあらゆる要素にわたってそれに変化を加えられていくことが，この楽章の大きな魅力であろう。いわば統一と変化という相反する要素が，曲全体の見事な構築性を生んでいる名曲であるといえるだろう。

（注）黛敏郎，『題名のない音楽会』，角川書店，1977

交響的物語『ピーターと狼』
（1936）
セルゲイ・プロコフィエフ
（1891〜1953）

　『ピーターと狼』は，プロコフィエフが子どものためにつくった音楽物語である。1933年に長い亡命生活を終えてソ連に帰ってきたプロコフィエフは，1936年，息子たちとともにモスクワ児童劇場を訪れる。その際，劇場支配人のナターリャ・サッツ女史から，ナレーションの入った子どものための音楽を書くよう依頼される。プロコフィエフは，ロシアの民話を題材に自ら台本を書き，この曲を完成させたのである。

　ピーターの農場へしのびよってきた狼にアヒルが飲み込まれてしまうが，ピーターはお祖父さんに助けてもらいながら，小鳥と一緒に狼をとらえて，飲み込まれたアヒルを助け出す，という物語である。登場人物には固有のモチーフと楽器が割り当てられ，物語の進行に合わせて，ナレーターの説明とともに必ずその旋律が演奏される。

　ここでは7つのキャラクターを示すメロディーを最初に演奏する（**譜例26〜32**）。

譜例26
小鳥

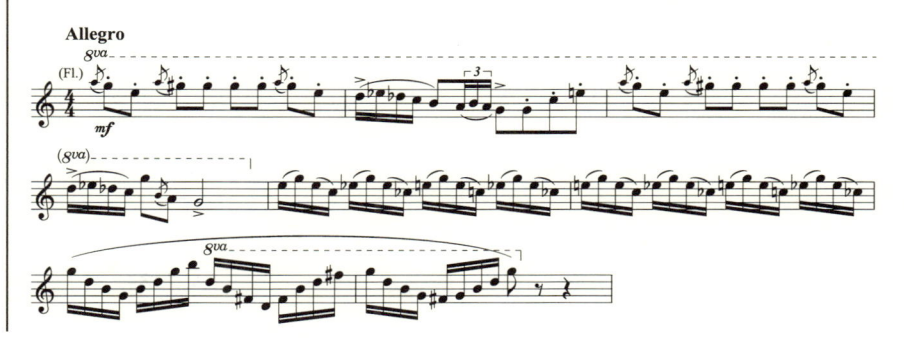

第4章●ぐっとくる意外な聴き方●131

譜例27
アヒル

譜例28
ねこ

譜例29
お祖父さん

譜例30
狼

譜例31
狩人

譜例32
ピーター

交響曲第1番
ハ長調op.21
第4楽章
ルードビッヒ・ファン・
ベートーベン
（1770〜1827）

　交響曲第1番は1800年，ベートーベン29歳の時に作曲された。1楽章，2楽章とともに，この第4楽章もソナタ形式で書かれている。

　アダージョの導入部（**譜例33**）では，音階の最初の3音で始まったモチーフに，1つずつ音が加えられていく。まさに〈音階〉だけでできた音楽である。そのたゆたうような音階が第7音に達したところで，オクターブの音階で始まるアレグロの第一主題（**譜例34**）に流れ込んでいく。主題を受けて各楽器が縦横に音階を上下した後，明るく可愛らしい第2主題（**譜例35**）につなぐ。展開部でも音階はさらに転調を繰り返し，この部分を華やかに彩っていく。幾分縮小された再現部の後，コーダに入って曲は華やかに終結する。

譜例33

譜例34

譜例35

トルコ行進曲
ルードビッヒ・ファン・
ベートーベン
（1770〜1827）

　14世紀前半，オスマン帝国の軍団には軍楽隊が編成されており，それは各種のリード楽器，太鼓類，金属打楽器類による独特な鼓笛隊で，60人を越す大合奏であった。その異国情緒あふれる音と華麗な制服は，ヨーロッパの人々の心を奪い，たちまち各国の軍隊に広がっていく。ハイドン，モーツァルト，ベートーベンなどの古典派の作曲家たちはこの異国的な新しい響きに魅了されて，「トルコ行進曲」という名でそれぞれに自分の作品の中にその要素を取り入れていく。

　ベートーベンの「トルコ行進曲」は，1812年にハンガリーのドイツ劇場のこけら落としのために書かれた祝祭劇『アテネの廃墟』op.113に付けられた劇中音楽の第4番目の曲である。この曲の主題には，作品76の「6つのピアノ演奏曲」（ニ長調）の主題が転用されている。

　曲はビバーチェ，2分の4拍子，A－B－A－B－Aコーダで書かれている。**譜例36-A**では規則的なドラムやシンバルのリズムの繰り返し に支えられ，スタッカートの歯切れのよい旋律が，トルコの軍隊が遠くから行進してくる様子を表している。**譜例36-B**は，短調で優しいメロディーである。曲はAとBを繰り返しながら，行進が近づくにつれて大きな響きとなり，目の前を通る時にクライマックスに達する。そして次第に遠ざかって行く様子を聴き取ることができる。

（坪能由）

譜例36

終章●対談
Dr.ひ〜ろ〜と坪能由紀子が語る

音楽の新しい聴き方をもとめて

音楽の構造を聴く

由紀子（以下，由）：なぜこの企画をしたのか，というところから始めたいと思います。音楽をどう聴くかということなんだけれど，今までだと音楽の授業では，演奏を聴くとか，情景を自由に思い浮かべながら聴くとか，どんな雰囲気の曲かを感じながら聴くという聴き方をすることが多かったと思うの。それから私は〈連想的な聴取〉っていう言い方をするんだけど，何か思い出しながら聴く，たとえば私でいうとビートルズを聴くと1960年代のなんか特定のことを思い出すとか…。

Dr.ひ〜ろ〜（以下，ひ）：それは反射的にあるよ。「家路」を聴くと家に帰らなくちゃいけないとか。小学校のお掃除の音楽や，給食の時の音楽などね…。

　それにね，精神状態とか，天候によっても聴き方は変わるんだよ。

　つまり，楽しい時，あるいは気がたってる時に同じ曲聴いても，全然違うわけだから，環境によっても自分の状況によっても聴き方の差ってのは大きいわけだよ。大ショックの時，悲しみに突き落とされた時「ジャジャジャジャーン」（運命）なんて頭のなかで鳴らないよ（笑）。真っ白，無音…。

　どう聴こうと個人の自由だし，こう聴かなきゃいけないということはないんだけど，ただ，聴き方というよりもとらえ方というのは，音楽って9割方，ほとんど理屈で説明できるんだよ。あとの残りの1割くらいがなんだかよくわかんない，何だろうこれは，っていう驚きがあったり，調べてもわかんないものがあったりするんだけど，あとはみんな理屈に合ったことを言ってるだけなんだ。理屈に合ってるところをみんな聴か

Dr.ひ〜ろ〜（坪能克裕）vs.坪能由紀子

ないで，そうじゃない音楽の背景やエピソードに注意が行っちゃってるから，聴き方がいいか悪いかではなくて，もったいない聴き方をしてるんじゃないかという感じはする。

由：この本をつくろうとしたきっかけは，聴き方って人によって違うよね，場所によって違うよね…。

ひ：気分によっても違うよね。

由：でも，そこじゃなくて，音楽そのものが持っている構造性というか，音楽の理屈とか，理屈っていうとおかしい気もするんだけど，やっぱり構造性よね，それを聴いてみるというのが出発点だったと思う。それは，わりと今までの音楽の授業ではなかったのではないかと思うし，それをみんなで共有してみよう，というか。

じゃ，他の聴き方が悪いかっていうとそういう問題じゃないんだけど，たとえば自由に情景を思い浮かべて，というような聴き方だと，1人ひとりが自由なわけだから共有がなかなかしにくい。教室でみんなが共有するには，構造的な聴き方が大事だというのが1つ。

それから今，克裕さん（Dr.ひ～ろ～）が言ったように，音楽っていうのは9割方理屈に合っている，それが9割っていえるかどうかというのは難しいけど，理屈に合った部分というのは，共有できるんだろうと思うんです。この本で進めていく鑑賞というのは，みんなで共有できるような，構造的な聴き方を試みようということ。

ひ：それからいろいろな聴き方によって価値観が広がっていくってこともあるし，聴き方が偏っているなら，間口をちょっと広げるという意味においても，音楽の可能性が拡がる面白い企画だなあと思っている。

音楽はどういうふうにつくられているのか，つまり音楽はどんな仕組みでできているのかということは，ほとんど説明がつくんだということなの。それに加えて，1人ずつがいろんな聴き方ができるんだという枠を広げておけば，音楽ってもっと楽しいとらえ方ができるんじゃないかな，というのが，僕がこの企画に参加した出発点。

音楽の聴き方を教えてくれた人

由：音楽を聴くにあたって，若い時に非常に影響を受けたのは，まず克裕さんです。それまではピアノ弾いたりはしてたし，芸大で音楽学を勉強してたのに，ちゃんと音楽を聴いていなかったような気がする。

そして2番目は柴田南雄先生（注1）です。柴田先生は，大学2年か3年の時の授業で，LPレコードを山のように教室に持っていらして，次々とかけていく。そしてこれがどこの国のどんなジャンルのいつできた曲かということを学生1人ひとりに言わせていくの。その理由を言いなさい，って言われる，そういう授業だったの。

柴田先生は1曲1曲，ここを聴くのよ，こんな風になっているでしょって言われるのだけれど，いつも違うことを言われるので，つながっていかない，ちんぷんかんぷん。それだけ柴田先生という方の大きな知識の器の中で，1時間の授業の中で言われることは小さな点だったのね。でも今，構造的なこと，それから様式的なことを言われていたことに，思い至るの。

3番目は，小泉文夫先生（注2）です。小泉先生からはいろんな音楽にいろんな良さがあるんだよってことを教わりました。それこそその年の夏に行っていらしたイヌイットの音楽を，ほとんどリアルタイムで聴かせていただけるのね。それは本当に目のさめるくらい面白かったのに，その意味が本当に分かったのはやはり後になってから。

自分で諸民族の音楽を聴きはじめた時に，ああ小泉先生がおっしゃっていたことはこれだって，思い当たったのですね。

音楽の仕組みを聴く〜音楽を聴くための手がかり〜

由：というわけで，私は3人の方から音楽を聴くことの大切さを教わりましたが，東京文化会館の資料室で一緒に音楽を聴いたのをはじめとして，ずうっと影響を受け続けてきたのは，やっぱり彼（克裕）なんですよ。一緒に演奏会に行って，終わったら何か言うじゃないですか。で，そういうことが自分にとってすごく重要な栄養になってるなあって思うんです。

　私は克裕さんからはクラシックを教えてもらうことが多かった。現代音楽もたくさん教えてもらったんだけど，それを出発点に自分で日本の音楽を聴く，諸民族の音楽を聴くというふうになっていくと，要するに飽和状態になって，何が何だかわかんなくなっていくという時期もあった。だけど，だんだん自分の中でそれを整理していくと，音楽ってそれぞれ独自に面白いものももちろんいっぱいあるわけだけれど，なんか，こういうところって似てるよね，とか，これはどの音楽にもあるって言えるんじゃないかしら，とか思うようになり，こうした切り口で聴くと，いろんな音楽が分かるんじゃないかと思うようになったのが，1990年代の初めくらいですかね。私がいろんな音楽に含まれているんじゃないかって考えたものが〈反復〉と〈変化〉，〈問いと答え〉それからテクスチュアというか〈音楽の縦と横の音の関係〉みたいなもので，これらが切り口というか手がかりになるんじゃないかと思うようになったのですね。これらはたくさんの音楽を聴いたことだけじゃなくて，実は演奏に参加してみたり，自分で音楽をつくったりした時に実感したことでもあるんです。そういうふうに思うようになったことが，全体にこの本の目次に生きているというふうに感じています。

　第4章の「ぐっとくる意外な聴き方」というのは断片的なものでありますが，これこそ克裕さんから教わった，音楽ってこうやって聴くと面白いんだ，ということなんですね。このへんも楽しんで読んでいただければと思います。

ひ：ここもね，あんまりぐっときすぎちゃうよりも，音楽の楽しさを発見するのはその音楽との出合いだから，これをヒントに1人ひとりがぐっとくる音楽の面白さを見つけてくれればいいんであって，僕の聴き方のぐっとをみんなが共有することはないんだと思う。

　作曲家ってこういうことを考えているわけだから，その意見を参考に自分が音楽を聴いたりする時に，自分なりのぐっとくる聴き方を開拓していけばいいんじゃないの。

ベートーベンを楽しむ

由：昔ね，東京文化会館で「エロイカ」（注3）の分析しながら聴かせてくれた時って，何言ったんだか覚えてる？

ひ：覚えてるよ。1つの素材をもとにどのくらいどういうふうに上手につくられてるかっていう問題だよ。上手にね，たった1つのことを。ベートーベンはあの曲でそれまでの作品とふっきれた部分があるのね，それが非常に面白いってこと。

　それから，1人の人が同じシンフォニー・シリーズであれほど変われるというのは非常に珍しいという話だよね。その具体的な例としては序奏を排して，いきなり主和音が出てくるとかね，あれは聴いた人驚いただろうなあ…とか，1つのシンフォニーを50

何分も続けるなんてとんでもない話だったなあとか…。それから2楽章なんかは葬送行進曲で有名だけど，別にお葬式のイメージじゃなくてね。

　ソナタ形式という1つの形式のなかで，非常に素材をきりつめて，実にうまく言ってるからね。やっぱり，ベートーベンの時代の作品のつくり方は，その時の僕にはぐっときていた。そのぐっとくる部分を2人で共有したいと思っただけ。

由：やっぱりあれは，革命的な曲よね。♪〜（4楽章の冒頭のメロディーをピアノで弾く）〜は4楽章よね。

ひ：そう，フーガね。

由：3楽章ってどんなんだっけ？

ひ：♪〜（歌う）〜　いや，スコア持ってこないと…。エロイカの持つ作品の重さというのはあの当時，すごかったと思う。

　あの頃僕が思ってたことと今思ってることは共通してることもあれば，違ってきてることもあるんだけれどね…。

　ただね，どっか，人それぞれにぐっときてるわけでね。ぐっときてることをみんなと共有したいというのが，1つの鑑賞の在り方だと思うしさ。誰かが表現したことへの賛同というか，それとの同一化というかね。聴き方はいろいろあるけど，エロイカっていうのはそういういろんな近づき方ができるからね。

音楽を聴くことの意味

由：〈音楽づくり〉の活動で有名なある小学校の先生に，「歌唱，器楽，音楽づくり，鑑賞をどういう割合でやっているのですか？」って聞いてみたことがあるの。音楽づくりの割合がどのくらい多いのかを知りたかったからだけれど…。

　この先生の場合興味深かったのは，鑑賞が40％くらい，とおっしゃったこと。それに対して音楽づくりはどのくらいかっていうと，たった10％。器楽も10％，歌唱が40％だったかな。とにかく，鑑賞が多い。「範唱，範奏を入れてのことではありませんか？」と思わず聞き返したのだけれど，今，歌ってる曲とは違う曲を聴かせている，ってことだったので，やはり範唱・範奏ではなく鑑賞だった。

　その先生のクラスでは，子どもたちに鑑賞した後感想文を書かせると，本当に細かいところまで聴いている。しかも以前の曲で聴いたことを覚えていて，今度の曲にも同じような仕組みがあるよね，といった聴き方をする。聴き取ったことが，子どもたちの中に積み重なっているのね。

　でもある調査によると，歌唱が多い，器楽が多い，ずっと落ちて音楽づくりと鑑賞，っていうのが一般的なのね。音楽を聴くってすごく大事なことなのにね。

ひ：授業での割合は別として，すべてのもとは鑑賞に向かっていくのは当然だ。違う世界を聴く，違う価値観を聴く。同じ愛をテーマにしたって，違う言い方と表現がある。それが人の知恵であり，人のものを聴く，人の音を聴く，価値観を聴くというのが大事なんだ。

由：その先生は，40％も鑑賞をしているということとは別に，いつも授業の中で「お互い同士聴こうね」って言っているのね。それもとても面白い。

ひ：何かをつくるためには，聴くことが大事。聴かないでゼロから何かをつくるってことはできないんだよ。

由：音楽における創造性というのはゼロからの創造性だろうって考えられて，そんなこと子どもにできるわけないじゃないかっていうふうに言われることもあるけれど，

ゼロからの創造って子どもじゃなくてもできいなのよ。それは作曲家と暮らしていても，よーく分かる。つくる人，作曲家というのは，インプットの仕方が面白い，ユニークなのよ。

ひ：アウトプットするまでに，つまり自分で表現し直すまでに，どんなふうに自分の言い方にしていくかということ，言い方のアゴーギク（テンポのゆらぎ）も含めてなんだけど，そこに個性が出てくる。基本的にはインプットとアウトプットの間でどう楽しんでいるかが，人それぞれ。

反復性

由：1991年にジョン・ペインター（注4）が日本に来た時に，私，対談しているんですよ。そのときにペインターに「何で音楽には反復があるんだろう」という質問をしたの。そうしたらペインターが「音楽は時間的な芸術だから，1回やっただけじゃ忘れるでしょう。もう1回やってあげないと，音楽というのは忘れていくからね。だから繰り返しがあると思うんだ」ってそう言ったんですね。

その時にペインターは『サウンド・アンド・ストラクチャー』（注5）という本の草稿を持ってきていて，1993年に私がそれを訳したんですけれども，ストラクチャー，つまりペインターのいう「音楽の構造」の根幹にあったのは〈反復〉だと私は思います。

ここで反復性の話に入っていきたいんですが，克裕さんは本の中で「繰り返しの面白さ」って言っているじゃない。ペインターに対するのと同じような質問になるんだけど，繰り返しの面白さって何だろうか。

ひ：人も音楽も，1つのことを繰り返して生きているんだと思う。それは生命そのものの繰り返しかも知れないね。対話でも1つのテーマを繰り返し語らないと，まとまらないんだな。音楽も饒舌にいろんなことを言っているようだけど，テーマを繰り返していくことが基本になっているんだ。もちろん話がトンだり，他の話題がかんだりすることもあるけど，何について展開しているかは，ハッキリしていることが多いんですね。それで，同じことをクドクド言ってはつまらないので，話の切り口を変え，言い方を替え，工夫しているワケね。だからマシンのようにただ繰り返しているワケではないんですよ。

人の一生も，その人のテーマというか，生涯の課題や勉強も，10年ぐらいの単位で同じことを繰り返して堆積させているようだね。

由：私はかなり昔から〈音楽づくり〉の研究をやっていたんだけど，最初に，主に反復をもとに音楽づくりをやっていたの。

で，武満さんの曲なんかでも，たとえば「雨の樹」なんかは反復とかドローンとかという視点で聴いていくと，よ～く分かって面白いっていうことに気が付くの。バリの音楽だって，ずうっと同じ核旋律を繰り返していったり，それを割っていったりするじゃないですか。それから日本のお囃子なんかでも，同じパターンの反復。それで繰り返しがよく分かる音楽をもとにして，反復に着目すると，鑑賞する時に音楽がよく分かるし，面白く聴けるようになる。

ひ：クラシックも組み立て方の基は同じだと思うけど，組み立て方の工夫に人智の限りを尽くして変化してきているので，簡単に聴いただけでは説明が付かない音楽もあるから…。

由：1994年と1997年にロンドン・シンフォニエッタ（注6）の人が日本に来た時に，反復をもとにして，子どもたちや一般市民と音楽をつくったじゃない。ロンドン・シンフォニエッタの人が「ユキコさん，日本の音楽にはこういう単純な繰り返しはないの？」って聞いてきた時に横に西潟さん（注7）がいて，「ユキコさん，《さらし》があるわよ」

ってすぐに教えてくれて，それが《さらし》を教材化するきっかけになったんです。これをもとに演奏会もしたし，いくつもＣＤやＤＶＤをつくりました。

でも後で別の邦楽器の演奏家に「《さらし》のように繰り返すものは，箏曲にはあまりないですよね」と言われちゃったんですよ。そういえばそうなんですね。

だけど，日本の音楽には〈手〉という言葉があるのよね。その〈手〉というのは，実は繰り返されるものなんですよね。〈あの手〉〈この手〉があちこちに散りばめられていて，別の形の繰り返しになっているんですね。箏で言うと「シャシャテン，シャシャテン」とか，「コーロリンシャン」とかあるわけじゃない。そのあちこちで繰り返される〈手〉を覚えることによって，箏だって弾けるようになる。聴くときに「時間の流れとともに消えてしまうから，音楽は繰り返しがなければ理解できない」というのと同じように，弾くときにも〈手〉があるから，それがあちこちで繰り返されていることで，覚えて弾けるようになる。両方同じことなのよね。その反復的な構造つまり，どういうふうに繰り返されているんだろうということが分かると，結構音楽っていうのは分かるものが多くなってくると思う。

ひ：その〈手〉という表現が面白いね。

でも和声の進行も〈手〉に似ていて，カデンツの型からいろいろな音楽が生まれる。

僕のつくり方を例にとると…，たった1つの音がある。だけど，1つだけじゃ音楽にならないの。必ずもう1つの音，って必要になる。それとのかかわりが反応していくことによって，増殖したり，また元に戻ったりする仕掛けがあった。加えて更にもう1つの音があると非常に複雑になってくるわけです。現代の作品はすごくわかりづらいと言われるけれども，仕掛けは同じなんだよ。

由：そう。実は，構造的にはわかりやすい。音組織はわかりにくいけど。

ひ：そう。12音音楽なんかは，確かに組み合わせの妙味なんだね。組み合わせというのは，コンピューターは1・0・1・0の組み合わせだけでできているでしょう。だから12の音を組み合わせるというのは相当複雑になるんだけど，原理としてはコンピューターのようだけど，それに感性が加わり，変幻自在な音世界を生み出しているわけね。身近な話で，ハーモニーも音の組み合わせの1つなんですよ。

由：そうね。組み合わせと，そして繰り返しね。

応答性（問いと答え）

問いと答え，そして音楽におけるコミュニケーション

ひ：1章からずうっと本の目次を見てみると，音楽をどのような聴き方をすると今までより楽しくなって，音楽を聴くための間口が広がるのかなあというような感じだと思うんですよね。

〈問いと答え〉って書いてあるけれども，おおもとはたった1つだと思う。それはコミュニケーションだと思う。コミュニケーションというのは一方通行じゃないわけで，問いを発する，問いというかこちらから出した信号に対して相手が答える，という簡単なコミュニケーションね。それが人対人であるか，人対神様なのか，宇宙が答えてくれるかといろいろあるだろうけど。また時代とか音楽の表現方法により異なるでしょうが，いちばん元はやっぱり人との〈問いと答え〉だろうね。

オーケストラ同士の中でも〈問いと答え〉がある。1つのフレーズを弦楽器が歌うと，管楽器がもう一度同じことを歌ったり，答えたりね。で，そのフレーズを管弦楽のみんなが歌い，1人で答えるとコンチェルトみたいになったりしてね。また〈問いと答え〉ばかりじゃなくて，その独奏者が歌い続けてきたら，だんだん短い問いになったり，

まとまった意見を出したりする。なるほどなと思わず相づちを打ちたくなるようなうまい言い方になるという時もあるし，しゃべりなれたり，意志の疎通がスピードアップする時もある。そこには，間もあるだろうし音の持続もあるだろうし，繰り返し方もあるだろうし，さまざまなものがあって，そのどこに注目するかによって，人それぞれにぐっとくる聴き方になっていくんじゃないか，それを人それぞれでいいからぐっとくる聴き方を楽しむのが，創造的な鑑賞の仕方につながっていくんじゃないかな。

現代曲における応答性

由：なぜ私が応答性に着目するようになったかっていうと，ワークショップや授業の中で，最初にリズム模倣みたいなのをやるじゃないですか。簡単なロンドもやるよね。そういうことが一種の応答性なので，面白いなあと思っているうちに，これってどんな音楽にとっても大切なものだよねえ，って思い出した。そうするうちに今度は，応答性に着目すると，音楽が全然違って聞こえてくる。　私，湯浅譲二さん（注8）の曲を鑑賞用のCDに入れることがあるんだけど，「クエスチョンズ」とか，「呼びかわ詩」とか，「ヴォイセスカミング」とかがあるじゃない。あれって，全部〈問いと答え〉にかかわるのよ。例えば「クエスチョンズ」という曲は，たくさんの問いがあるんだけど，答えがないという音楽じゃない？　「ヴォイセスカミング」だって同じなのよ。「ハロー？」とか「もしもし，もしもし」って呼びかけるんだけれど。だけど答えがなくて，その中でそれが繰り返されていって1つの音楽になっているという面白い音楽なのよね。

　やっぱり湯浅さんは古典的な〈問いと答え〉というものを使いながら，それをたち切っているところに彼の音楽の前衛性というか，新しさというのがあったんだろうなって，私，思うのよね。

　で，克裕さんの作品っていうのも応答性に満ちたものが多いって気がついたの。「狐王の祭礼」なんて，まさにそうよね。ずうっとフルートとピアノの応答。それからピッコロとチューバのための「クリエーション」というのがあるでしょ。あれも低音で動きの鈍いチューバと，高音ですばしっこいピッコロの応酬という応答性の極致の音楽よね。それからそのものずばりでいうと「庵の閑話」，三味線の二重奏。

ひ：これらの作品の核になっているのは何かっていうと，反応と模倣なの。反応っていうのは応答性ともかかわることかもしれないけど，応答っていうのは言ったことに対して答えなくちゃならないけれど，反応っていうのは，さまざまな要素の受け答え。つまり，無反応も反応なわけだし，無視もある。

　1つのテーマをもとにしていて，1つの刺激があることによって反応が起こる，反応の中には模倣もある。そっくり相手がやっているっていう。この2つを原点にしてデビュー作からずうっとつくってきていて，それが柱になって一連の作品ができている。おおもとは応答っていうよりも反応なの。応答は言われたことに応じるけど，反応っていうのはもっと広い解釈ができて自由だと思ったの。

由：たとえば「庵の閑話」なんかは二者の対話よね。日本の音楽にはそういう二者の対話というのはいっぱいあるのよね。「庵の閑話」ってある意味，音響的には伝統的な感じもするじゃない。あそこでねらったことっていうのは何だろう。

ひ：あそこで「庵」っていったのは，〈壁越し〉っていうフィルターがあるってことね。そのフィルターを通してもれてくるものってのはね，普通の対話ではない音現象。

由：どういうことかしら？

ひ：ある部分しか聞こえてこないわけだから，1つのマスとしてしか聞こえてこない音もあるじゃない。本来はもっといろいろあるんですよ。庵の閑話もあの中で反応してるわけ。だけど庵があることによって，もれ聞こえてくるから，話のテーマというものがしっかり聞こえない，こういうことを言っているというんじゃなくて，いろんなものがクロストークして聞こえてくる。

由：そういうことを，わざと対話として赤裸々に書かないで，というふうな書き方？

ひ：さまざまな反応の仕方がある。特定の反応じゃなくてね。非常にしっかりと対応しているものもあれば，ずれているものもある。さまざまな反応の，反応というとまあヴァリエイションなんだけど，反応の自在さをあそこでは出している。

応答性と即興性

由：ジャズの即興というのは，やっぱり応答性が含まれているのでしょうかね。
　私，昔，日本コロムビアでジャズの猪俣さんたち（注9）の演奏を録音したことがあって，みんなすごくコミュニケーションしながらやっているのよね。そこがクラシックと違うなと思った。「こうしよう，ああしよう」みたいに即興でやっているのね。そして録音しているうちに，何とも言えず和気あいあいになっちゃうのよね。

ひ：クラシックの即興も同じなんだけど，ジャズの即興なんか面白いよね。よく指先でこねくり回して，デタラメを演奏しているんじゃないかって言う人もいるけど，ちゃんとルールがあって，そのなかで自由な発言をしているんですよ…例えば，ドレミのファから始まるモードで「あの娘のファッションは何が似合うか」って全員で歌うんですよ。それから順次ソロでそれについて奇想天外な発言をするわけね。自分の知っている情報と，その娘への思いと，テクニックを込めて。すると聴いた仲間はもうニヤニヤしながらはやし立て始める。聴衆も言葉では言い表せない表現なだけに，しかもルールを共有しているから，発言の凄さが分かり，やんやの喝采を送るワケね。大きな意味の応答であるし，演奏者と聴衆の応答でもある，っていうことなんです。
　クラシックだって元々は即興性がいっぱいあったし，カデンツァなんていうのは，今まで聴いてきたテーマを「おれの腕にかかるとこんなになっちゃうんだよ」みたいなのがあったわけだよ。それを楽譜に記録し始めたころから即興性が失われてきたんだよ。全くなくなったわけではないんだけど，用意された音楽で，スリルがなくなった，っていうこともあるね。
　応答性というのは元々は即興性だったんだ。ジャズなんかでもそうなんだけど，誰かがしゃべっているなかでどこをもらうか。今度は，それをもらった人が答えるときにまた針小棒大に言ったりして会話が広がっていく。そういうキャッチボールをしているわけだよ。だから，キャッチボールという言い方だと，投げて受けて，受けて投げてという交流というか，応答をしながら遊んでいる。
　楽譜に書いちゃうと，安心できるけど…問題もあるわけだね。

由：そうね。

ひ：楽譜に忠実に…ってよく言われるけど，楽譜は不完全なものなんだ。瞬時の応答は書ききれないしね。

つくることと聴くこと

ひ：要するに作曲家というのは，先輩がそれまでどういうふうにつくってきたかというのは，情報分析で知っているわけですよね。独自性というか，それと違う差異性ね，今まで同じことを言ってきたけど，絶対他の人がやってない方法，つくり方とか表現

の仕方とかね，それをどういうふうにその人がつくっていくかに私たちは興味があるわけなのよね。

　それはね，よく言われるように恋愛したらいい曲が生まれるとかね，小鳥の歌を聴いたら，鳥の声から生まれた名曲っていうのも今まであるし，自然現象をヒントにというのもあるんだけど，ないとは言わないけど。それをどういうふうに組み立てていくか，どういうふうに仕掛けていくか，他の作曲家が同じようなことをやっているんだけど，他の人と違って自分が言えるものっていうのを磨いていくわけなんだね，作曲家というのはね。そういうような聴き方と試みをしているということなんだね。

由：そうそう，作曲家というのはね，インプットの仕方が他の人と違うように思うのね。それって，子どもたちが音楽づくりをする時も同じだと思うのね。自分が音楽をつくろうかと思っている時ってね，これ使ったらどんなになるのかしらって思いながら聴くわけでしょ，つくるために聴くっていうかね。

ひ：自分が表現するために，人は何を言っているか，どんなしゃべり方をしているかを聴く…。

由：聴き方が変わってくるの，つくることによって。そうすると聴くこともすごく面白くなってくるのね。私は克裕さんが聴いているところに何度も一緒にいたから，何て面白いんだろうと思ったのね。

ひ：何が面白いの，一体？

由：たとえばですね，いや，そんなにたいして面白くないことなのかもしれないけど，一般的な人に比べて，あなたはメロディーに感動しない。メロディーじゃなく，音楽を支えているもの，音楽にとって大切なものは別なところにもあるんだというようなことを教わった。

ひ：メロディーっていうのはいちばん記憶にとどめやすいし，いちばんわかりやすい，メロディーっていうのはだいたいが空気のゆらぎのようなものでね。そのゆらぎの一部をみんな心地よく思ってる。ところがそのゆらぎのよさを，隠れた要素が助けて支えているのであって，たまたまみんなに聞こえるのは印象に残りやすい部分でしかない。でも音楽には隠れたものがいっぱいあって，そういうものが積み重なってる。それはどういうものかっていうと，メロディーもそうなんだけど，響きもそうなんだけど，みんな組み合わせなんだよ。組み合わせの妙味でできてるんだ。その組み合わせのいちばんわかりやすいところであるメロディーをみんなキャッチしてるんだけれど，その美しさをよりよく見せるためには，そうじゃないところがあって，それこそが大切なわけ。そっちのほうを聴く耳というのがあってね。そこを聴くところに音楽の面白さがあるのよ。

由：たとえばこの間，T文化会館でね，ある人の指揮でオーケストラを一緒に聴いたんだけど，「この人，裏拍聴いてないよねえ」って言うの。あるいはテレビでオーケストラの音楽やってるのを見てても「この指揮者，第2バイオリン聴いてないよね」って言ったりするの。ということはこの人は聴いてるわけですよね。そういうものが音楽を支えている大事なものだということがよ～く分かるのね。

ひ：指揮者って自分がどういうカッコしたらアピールできるか，そっちのほうばっかりに一生懸命な人が多いよね。

由：でもベルリンフィルで，ラトルを聴いた時，やっぱり「彼は全部聴いてるよねえ」ってあなた言ったよね。そこを聴いて音楽をつくってるんだよねえっていうのを，その瞬間に私，教えてもらったの。音楽を一緒に聴いて，毎回のように，自分の聴いてないものをこの人は聴いてるんだって思うっていうのは，やっぱりすごいものがあり

ますよ。
　さて，最後になりますが，この本を通じて子どもたちや先生方にいちばん伝えたかったことを，最後に話してみませんか？

ひ：音楽は，音の組み合わせ方によっては，複雑に聞こえるものもあるけど，音楽の仕組みって本当はシンプルなんだよ。共通していることもあるけど，それぞれが違う。奥が深いんだな。人それぞれの聴き方でいいんだけど，人はどんなことを考え・感じて音楽をつくってきたかなど，切り口を替えて耳を傾けてみると，とっても楽しいって思うんだ。

由：この本では，「問いと答え」や「反復と変化」「音の重なり」を手がかりにして，音楽を聴いてみませんかって提案してるわけだけれど，それらは私たちの身の回りにある，いろんな種類の音楽に共通に含まれているものでもあるのよね。まずこうした〈多くの音楽に共通しているもの〉を子どもたちと共有してみることが大事だと思います。

　その上で，本の目次の細目を見ていただいても分かるんだけれど，たとえば「問いと答え」にもいろんなものがある。その1つひとつの「問いと答え」の〈こんな面白いものもあるんだ！！〉ということに，気付いていただけるとうれしい。いわば音楽の〈共通性を通じて，独自性に至る〉，ということが，音楽を聴く手がかりになると思うんです。

注1　柴田南雄（1916〜1996），作曲家，音楽学者，音楽評論家として，戦後永らく日本を代表する存在であった。東京藝術大学音楽学部楽理科では1959〜1969年に教鞭をとった。
注2　小泉文夫（1927〜1983），民族音楽学者。日本はもとより，世界中を旅して民族音楽を調査・研究した。現在の日本の民族音楽学者には小泉の薫陶を受けた人も多い。
注3　ベートーベン，交響曲第3番変ホ長調「英雄」（エロイカ）op.55
注4　ジョン・ペインター（1931〜2010），イギリスの作曲家，音楽教育学者。子ども自身が音楽をつくる「創造的音楽学習」を提唱して，世界の音楽教育に大きな影響を与えた。
注5　Paynter, J., Sound and Structure, Cambrigde University Press, 1992, 邦題『音楽をつくる可能性』，音楽之友社（坪能由紀子訳）
注6　ロンドン・シンフォニエッタ，世界的に名高い，イギリスを代表する室内オーケストラ。〈音楽づくり〉をもとにした教育プログラムを初めて行った音楽団体としても有名で，1994年，97年の来日時にも，多くの人と「音楽づくり教育プログラム」を展開した。
注7　西潟昭子，日本を代表する三弦奏者，現代音楽をレパートリーに持ち，国内外の作曲家に作品を委嘱・初演する活動を長年行ってきている。〈現代邦楽研究所〉を開設し，多くの若手邦楽器奏者を育成するとともに，邦楽器を使った〈音楽づくり教育プログラム〉も展開している。
注8　湯浅譲二（1929〜　），戦後，武満徹らと実験工房を結成するなど，前衛的な作風で世界的に知られる現代音楽の作曲家。
注9　猪俣猛（1936〜　），日本のジャズ界を代表するジャズ・ドラマー。

著者紹介

坪能克裕（つぼのう・かつひろ）＝Dr.ひ〜ろ〜　作曲家。日本現代音楽協会会長。作品「コスモス200（電子音楽）」，「みんなでつくるシンフォニー」，合唱組曲「ファンタジック　スペース」他

坪能由紀子（つぼのう・ゆきこ）　日本女子大学教授（音楽教育学）。著書『音楽づくりのアイディア』（音楽之友社），『音楽教育学の未来』（共著，音楽之友社）等

髙須一（たかす・はじめ）　玉川大学准教授（音楽教育学）。前文部科学省初等中等教育局教育課程課教科調査官。著書『小学校音楽科の授業づくり』（共編著，明治図書），訳書『音楽の教え方』（共訳，音楽之友社）等

熊木眞見子（くまき・まみこ）　筑波大学附属小学校教諭。著書『創造的に取り組む身体表現』（音楽之友社），『音楽遊びベスト40』（明治図書）等

中島寿（なかじま・ひさし）　筑波大学附属小学校教諭。著書『音楽つくって表現する』（国土社），『音楽のなぞ』（草土文化）等

髙倉弘光（たかくら・ひろみつ）　筑波大学附属小学校教諭。著書『わかるからおもしろい　音楽力がアップする授業レシピ』（明治図書）等

駒久美子（こま・くみこ）　和洋女子大学非常勤講師。著書『乳幼児の音楽』（共著，樹村房），『音楽教育学の未来』（共著，音楽之友社）等

味府美香（あじふ・みか）　洗足学園音楽大学，東京成徳大学非常勤講師。著書『音楽教育学の未来』（共著，音楽之友社）等

【音楽指導ブック】

鑑賞の授業づくりアイディア集
へ〜　そ〜なの！音楽の仕組み

2009年11月30日　第1刷発行
2016年8月31日　第6刷発行

著者	坪能克裕・坪能由紀子・髙須一・熊木眞見子・中島寿・髙倉弘光・駒久美子・味府美香
発行者	堀内久美雄
発行所	株式会社　音楽之友社 〒162-8716 東京都新宿区神楽坂6-30 電話03（3235）2111（代表） 振替00170-4-196250 URL http://www.ongakunotomo.co.jp/
装丁	橋本金夢
本文デザイン	橋本金夢オフィス
イラスト	橋本金夢
編集協力	外崎明成
印刷	岩佐印刷所
製本	誠幸堂

© 2009 by Katsuhiro TSUBONOU, Yukiko TSUBONOU, Hajime TAKASU, Mamiko KUMAKI, Hisashi NAKAJIMA, Hiromitsu TAKAKURA, Kumiko KOMA, and Mika AJIFU.
Printed in Japan

この著作物の全部または一部を権利者に無断で複製（コピー）することは，著作権の侵害にあたり，著作権法により罰せられます。

日本音楽著作権協会（出）許諾第0913780-606号

落丁本・乱丁本はお取替えいたします。
ISBN 978-4-276-32142-7 C-1073